不正・不祥事の
メカニズムと
未然防止

不正のトライアングル・内部統制・
3線モデルから見た対策とチェックリスト

島田裕次 著

日科技連

まえがき

　企業等における不正・不祥事は、毎日のように報道されている。不正・不祥事は、なぜなくならないのだろうか、不正・不祥事が発生する原因はどこにあるのだろうか、不正・不祥事を防止するためにはどのような対策を講じればよいのだろうか、といった疑問が本書を執筆した動機になっている。

　筆者は、内部監査およびシステム監査に長年携わってきたが、内部監査やシステム監査でも不正・不祥事は重要なテーマであり、不正・不祥事を防止するための対策（監査の世界ではコントロールと呼んでいる）が適切に講じられているかどうかを監査してきた。

　本書では、不正・不祥事の発生メカニズムとその対応策について、事例を挙げて解説する。不正・不祥事は企業等の経営者、管理者などに関係するテーマであり、それぞれの立場に応じて、不正・不祥事を防止することが大切である。他人事ではなく、自分の事として不正・不祥事の防止を考えることが大切である。

　本書は、次のような構成になっている。

　第1章では、不正・不祥事とは何かについて説明する。不正・不祥事は、ややもすれば財務報告や金銭の窃取等に関するものと捉えられることが少なくないが、幅広く捉える必要があることについて述べる。第2章では、不正・不祥事がどのようにして発生するのか、不正のトライアングル、内部統制、3線モデルの視点から検討する。

　第3章から第7章までは、不正・不祥事を「財務報告・金銭に関わる事件」（第3章）、「品質・融資等に関わる事件」（第4章）、「情報の窃取・不正閲覧に関わる事件」（第5章）、「法令違反に関わる事件」（第6章）、「権限の乱用に関わる事件」（第7章）に分類して検討する。不正・不祥事の分類については、筆者の独

断で行っており、読者諸氏の捉え方と異なる点があると思うが、その点についてはご容赦いただきたい。

　また、事例については、第三者委員会報告書、報道発表資料などをベースにして検討している。この部分は、本書の中核となっており、読者諸氏が不正・不祥事対策を検討する際の参考になればと考えている。

　第8章では、監査と不正調査の違いについて、内部監査および外部監査（公認会計士監査）の視点から解説する。さらに、第9章では、不正リスク対策について、リスクの発生を時系列で捉えた予防対策・発見対策・回復対策と、方法の視点から捉えた物理的対策・管理的対策・技術的対策について説明する。

　最後に第10章で、不正・不祥事に強い組織づくりを行うための基礎となる倫理の視点から解説する。具体的には、経営理念、行動規範、倫理教育、組織文化などについて説明する。

　なお、本書では、不正・不祥事の視点から問題がないかどうかをチェックするための「不正・不祥事チェックリスト」を巻末の付録として掲載している。チェック項目に該当する事項があれば、組織改善の参考にしていただきたい。当然のことながら、チェック項目はすべてを網羅しているわけではないので、このチェックリストを参考にして適宜項目を追加してご利用いただきたい。

　本書の執筆に際しては、日科技連出版社の鈴木兄宏氏から貴重なご意見やご助言をいただいているので、この場を借りて御礼を申し上げる。最後に、本書が企業等における不正・不祥事の防止に役立てば幸いである。

2023年7月

島　田　裕　次

不正・不祥事のメカニズムと未然防止

目次

不正・不祥事への感度を高めるコラム

第1章
なくならない不正・不祥事

　企業等における不正・不祥事に関する報道が行われない日がないほど、不正・不祥事が頻発している。不正・不祥事といっても、その受け止め方は人によって違いがある。初めに、不正・不祥事とは何か、不正・不祥事に対してどのような誤解があるのかを説明する。

1.1　不正・不祥事とは何か

　不正・不祥事については、その捉え方が人によって異なる。例えば、財務諸表の不正については、意図的に財務情報を書き換えた場合に加えて、過失によって財務情報を間違えた場合も含まれる。不正という言葉は、一般的に悪いことを行った場合に用いられると捉えられているからではないだろうか。

　『広辞苑(第7版)』(新村出編、岩波書店、2018年)によれば、不正は、「ただしくないこと。正義でないこと。よこしまなこと。」と説明されている。また、不祥事は、「関係者にとって不名誉で好ましくない事柄・事件」と説明されている。さらに、不適切については、「適切でないこと。望ましくないこと。」と説明されている。

　このように、不正や不祥事には、悪いことを行った場合に用いられることが

多いが、公認会計士・監査法人が行う財務諸表監査では、過失による間違いであっても、故意による間違いであっても「虚偽記載」、「虚偽表示」という言葉が用いられている。虚偽には、「うそ」、「いつわり」といった意味があるので、悪いことのように受け取られるが、過失であっても「虚偽」が用いられている点に注意する必要がある。

　不正・不祥事について、会計専門家は、粉飾決算をイメージすることが多いと思う。また、企業の金品を横領したり、贈収賄を行ったりすることをイメージする者もいれば、品質不正、情報漏洩などをイメージする者もいる。

　不正・不祥事については、金銭の横領、贈収賄、脱税、財務報告書の虚偽記載、機密情報の窃取などがあるが、会計上の不正・不祥事や法令違反が取り上げられることが多い。このような不正・不祥事は、社会的に見て、わかりやすい事件だからではないだろうか。本書では、このような不正・不祥事だけでなく、幅広い視点から不正・不祥事を捉えて、その発生原因や発生のメカニズム

不正・不祥事が起きる前に

　弓道の世界では、「失」という概念がある。例えば、弓を引く一連の所作の中で、矢を取り落としたり、弓を取り落としたりすることがある。矢を落とすのは、弦に矢を嵌める中仕掛けという部分があるが、これが緩んでいたり、妻手(右手のこと)に無駄な力が入ってしまったりして、弦から矢が外れてしまうのである。このような場合には、定められた作法で落とした矢を拾うという所作を行うことになる。この所作を知らないと、競技会や昇段審査で失敗したときに慌ててしまうので、事前に稽古しておくことが大切である。

　このように、失敗は誰にでもあるので、万が一失敗した場合の対応が非常に重要になるのである。特に、企業で不正や不祥事が発生した場合には、個人の問題だけでなく、組織として適切に対応するようにしなければならない。

などについて検討していく。

　不正・不祥事は、企業等の活動を人間が行っている限り、その発生をなくすことはできない。なぜなら、人間は、間違いを犯さないということは不可能であり、企業等も人によって構成されているので、企業等が間違いを起こさないようにすることはできないからである。

1.2　不正・不祥事に対する誤解

　不正・不祥事というと、公認会計士は、財務報告の虚偽記載(決算数字の誤り、粉飾決算)をイメージし、弁護士は、法令違反をイメージする。また、システム技術者は、不正アクセスや情報漏洩をイメージする。このように、不正・不祥事を扱う者のバックグラウンドによってさまざまなイメージをもつことになる。また、内部監査人は、これらのすべてを対象にして不正・不祥事を考えるので、不正・不祥事を多様な視点から考える必要がある。

　経営者や管理者についても、不正・不祥事を幅広い視点で考えて、その発生を防止するように取り組む必要がある。

　ところで、不正・不祥事については、不正・不祥事の領域に関する議論もある(図1.1)。財務情報に関わる不正・不祥事を連想される方が少なくないが、非財務情報に関わる不正・不祥事もある。また、内部情報(例：社内秘の情報)、公開情報(例：広告宣伝などの情報)に関わる不正・不祥事もある。

　不正・不祥事のリスクやコントロール(対策)を検討する際にも、幅広い視点から不正・不祥事を考えることが大切である。

1.3　不正・不祥事の広範囲化・複雑化

　不正・不祥事は、社会動向の変化や組織体の事業活動の変化に伴って、その種類や発生プロセスが大きく変化している。個人情報や機密情報の大規模な漏洩事件は、現在のように情報システム化が進んでいない時代には、考えられな

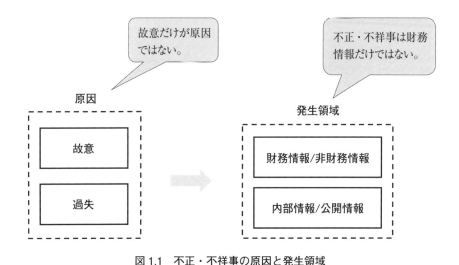

図 1.1　不正・不祥事の原因と発生領域

かったものである。

　かなり以前であるが、企業の機密情報を不正に取得するために、社内のコピー機を利用して大量のコピーを行い、外部に持ち出した事件があった。デジタル技術が進んだ現在では、機密情報を簡単に電子媒体にコピーして持ち出すことが可能になり、不正を行いやすくなっている。

　デジタル技術の進展によって、DX(デジタルトランスフォーメーション)が注目を集めているが、DX の普及によって、新たな不正・不祥事リスクが発生する可能性がある。経営者や管理者は、DX の光の部分(メリット)だけに関心をもつのではなく、影の部分(リスク)についても十分に注意しなければならない。

　DX による新たな不正・不祥事への影響は、図1.2 のように整理できる。DXによって直接不正・不祥事が発生するリスクが発生するだけでなく、流出したデジタルデータ、特に個人情報を悪用して、振り込め詐欺に利用するといった不正につながることがある。デジタル化によって、不正を行いやすくなっていることにも注意しなければならない。

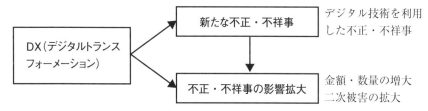

図 1.2 DX の進展と新たな不正・不祥事の発生

1.4 不正・不祥事の種類

不正・不祥事は、例えば、表 1.1 に示すように分類することができる。本書では、さまざまな不正・不祥事を対象として説明していく。

出席の不正

大学の授業では、以前、紙の出席票を教員が配付し、それに学生番号や氏名を記入して、教員が回収するという方法で出席をとっていた。この場合の不正（出席していないのに出席したように見せかける）は、教員が間違って余分に配付した出席票をとっておき、教員が出席票を回収する際に、その出席票を使って友人の学生番号・氏名を記入して提出するという方法で行われた。

デジタル技術の進展に伴って、出席をとるシステムが導入され、教員が授業の番号を学生に伝えると、学生はそれを見て出席システムに番号を入力する。これによって、出席したことになる。出席票を集計する手間が省けるので教員にとっては、たいへん便利なシステムである。しかし、学生が友人に授業の番号を SNS などで教えてしまうと、教室にいなくても出席したことになってしまう。

このようにシステム化されると、出席票で行われた不正とは異なる不正が発生することに注意する必要がある。不正対策は、出席票のときと、システム化されたときでは異なることに注意して、不正対策を講じる必要がある。

表1.1　不正・不祥事の分類

分類	項　目	内　容
1	財務報告に関わるもの	・財務報告(財務情報)の虚偽記載(粉飾決算) ・非財務情報の虚偽記載、など
2	金銭・物品に関わるもの	・金銭、現金等価物の私的流用・窃取 ・金銭、物品の本来の目的以外での使用、など
3	コンプライアンスに関わるもの	内部監査で対象とする法令には、例えば、以下のようなものがある。また、これ以外にも、各種事業に関わる法令(銀行法、保険業法、電気通信事業法、食品衛生法、建設業法など)、各種ガイドライン、組織体で定める経営理念・行為規範などがある。 　・独占禁止法 　・下請法 　・景品表示法 　・不正競争防止法 　・公益通報者保護法 　・労働基準法 　・労働者派遣法 　・個人情報保護法 　・著作権法、など
4	情報に関わるもの	・情報(個人情報、営業機密など)の不正取得・利用・第三者提供 ・情報の改ざん・破壊・漏洩 ・情報セキュリティポリシー違反、など
5	社内業績に関わるもの	・営業成績などの改ざん ・コスト削減実績などの偽装 ・予算の流用(目的外使用) ・経営者への不正な報告(リコール、クレームなどの隠蔽)、など
6	社内手続に関わるもの	・受注(与信限度を超えた受注など) ・購買(分割購買、承認前の購買行為など) ・採用(架空採用、人権侵害など)、など

第2章

不正・不祥事のメカニズム

不正・不祥事は、どのようなメカニズムで行われるのだろうか。不正・不祥事の代表的な考え方として、不正のトライアングルがある。また、組織体の管理の仕組みとして、内部統制や3線モデルの考え方がある。ここでは、不正・不祥事について、不正のトライアングル、内部統制、3線モデルの視点から発生のメカニズムを考える。

2.1　不正・不祥事の実施主体

不正・不祥事は、個人によるものと組織によるものに大別できる(**図2.1**)が、組織による不正・不祥事のほうが影響が大きい。不正・不祥事に関わる関係者が多いこともこのタイプの不正の特徴である。

これに対して、個人(経営者、管理者、担当者)が実施主体の場合もある。この場合には、不正・不祥事による影響が組織による場合と比較して影響が小さい。ただし、経営者個人が引き起こす不正・不祥事の場合には、その影響が大きくなる。経営者個人が引き起こした不正としては、例えば、回転寿司チェーンの社長が、競合他社に転職する際に前職の会社の原価情報を不正に持ち出した事件がある。この事件のように企業等における地位が高い者ほど、当該個人

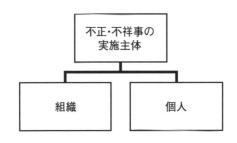

図2.1　不正・不祥事の実施主体

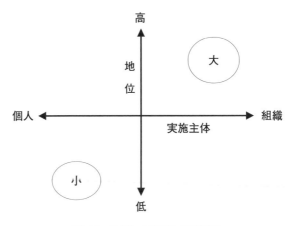

図2.2　不正・不祥事の影響度

が引き起こす不正・不祥事による影響は大きくなる（**図2.2**）。

2.2　不正のトライアングル

　不正の話をすると必ず出てくる概念が、米国の組織犯罪研究者ドナルド・R・クレッシーが提唱した理論をもとに W・スティーブ・アルブレヒトが体系化した「不正のトライアングル理論」である。不正が発生する要因として、動機、機会、正当化の3つの要因を挙げ、これらが揃ったときに不正が発生する可能性が高いという理論である（**図2.3**）。

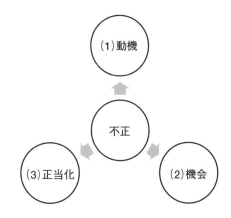

図 2.3　クレッシーの不正のトライアングル

（1）　動　　機

　家族の病気や事故などがあり、貯蓄も十分でなく、生活に困っている場合には、企業の金銭を窃取しようという気持ちになるかもしれない。給与が少ないという企業に対する不平不満なども不正の動機になる。このほかに、人事評価を上げたい、あるいは評価を下げられたくないということも動機になる。

　動機としては、例えば、次のようなものが考えられる。

- 教育資金や介護資金など急にお金が必要になった。
- 健康上の理由で、医療費が必要になった。
- 会社の処遇（人事評価）に対する不満がある。
- 職場環境に不満がある。
- 出世したいので、業績をよく見せたい。

　動機は、人によってさまざまなので、経営者・管理者は、日頃から従業員の気持ちを把握するように努めることが大切である。

（2）　機　　会

　不正を行おうと思っても、それを実施する機会（隙）がなければ実施することは難しい。ダブルチェックをしないで担当者が一人で業務を行い、上司も

チェックしていない場合には、不正・不祥事が発生する可能性が高くなる。また、情報システムによるデータチェックや情報システムの利用状況がチェックされていない場合も、不正が発生する可能性が高くなる。特に業務を特定の者に長期間任せたままにして、業務の管理をしていない場合には、不正が発生する可能性が高くなる。

不正・不祥事が発生しやすい機会としては、例えば、次のようなものが挙げられる。

- 単独で作業を行っており、他者の眼が行き届かない。
- 管理者によるチェックが行われていない。
- 長期間にわたり同一業務を担当しており、他の者が業務内容を理解していない。
- 手作業によるチェックを行っており、ミスに気がつきにくい。

（3）　正当化

不正を行った者あるいは行おうとする者は、自分を正当化しようとする傾向にある。給与が低いので、交際費を私的目的に使ってもかまわないだろうとか、会社の物品を私的に利用してもかまわないというように考えてしまうかも

不採用を理由にデータ破壊

ある外国人が働いていた企業を退職した後に、もう一度その会社で働きたいと考えて雇用を断られたことがあった。その外国人が、外国人であることを理由に採用を断られたと考えて、その腹いせに以前利用していたユーザー ID とパスワードを利用して、当該企業の情報システムにアクセスして、データを破壊した事件がある。

何を恨みに思って不正・不祥事を行うかわからないので、退職者のユーザー ID は速やかに削除しないとこのような事態になる可能性があるので、注意が必要である。

しれない。

　正当化としては、例えば、次のようなものがある。

- 会社の処遇が低いので、この程度の不正・不祥事を行ってもかまわない。
- 上司から理不尽な叱責をされたので、その仕返しをしても当然である。
- 他の者もやっているので、自分もやっても問題がない。

　不正のトライアングルのポイントは、3つの要素が揃ったときに不正が発生する可能性が高くなるということである。したがって、不正を防止するためには、これら3つの要素の一つなり、二つをなくすことによって不正の発生可能性を低くすることがポイントである。しかし、個人的な不満をもつ従業員をなくすことは難しい。そこで、組織としては、不正が発生する機会をなくすように努める必要がある。

2.3　内部統制と不正・不祥事

　内部統制は、簡潔にいえば、組織体の目標達成のための仕組みである。企業の場合には、利益目標の達成やSDGs（Sustainable Development Goals：持続可能な開発目標）になるし、地方自治体の場合には、住民サービスの向上、大学の場合には、教育・研究・社会貢献になる。しかし、次に説明する財務報告に係る内部統制の場合には、財務報告の信頼性の確保が目的になる。

　「財務報告に係る内部統制の評価及び監査の基準」（企業会計審議会『財務報告に係る内部統制の評価及び監査の基準並びに財務報告に係る内部統制の評価及び監査に関する実施基準の改訂について（意見書）』、2023年4月7日）では、「内部統制とは、基本的に、業務の有効性及び効率性、報告の信頼性、事業活動に係わる法令等の遵守並びに資産の保全の4つの<u>目的が達成</u>されているとの合理的な保証を得るために、業務に組み込まれ、組織内の全ての者によって遂行される<u>プロセス</u>をいい、統制環境、リスクの評価と対応、統制活動、情報と伝達、モニタリング（監視活動）及びIT（情報技術）への対応の6つの<u>基本的要</u>

素から構成される。」(p.9、下線は筆者)と定義している。

「財務報告に係る内部統制の評価及び監査の基準」は、その名の通り財務報告を対象にしたものである点に特徴があるが、不正・不祥事を防止するための仕組みと考えれば有効なフレームワークになる。

内部統制は、上述のように①業務の有効性及び効率性、②報告の信頼性、③事業活動に係る法令等の遵守、④資産の保全、をその目的としているが、内部統制の考え方を不正・不祥事の防止に利用するためには、目的を「不正・不祥事の防止」に置き換えるとわかりやすい(図2.4)。

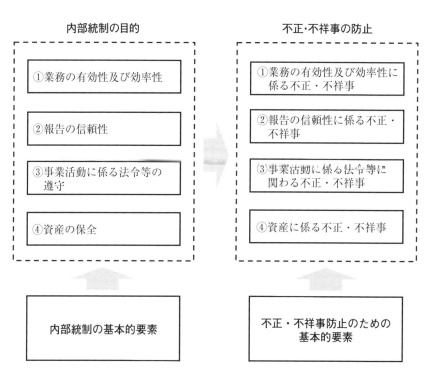

図2.4　内部統制の目的と「不正・不祥事の防止」

2.4　内部統制の6つの基本的要素

「財務報告に係る内部統制の評価及び監査の基準」では、内部統制の基本的要素について、「内部統制の基本的要素とは、内部統制の目的を達成するために必要とされる内部統制の構成部分をいい、内部統制の有効性の判断の規準となる。」(p.10)と説明している。

具体的には、表2.1に示す6つの基本的要素を挙げている(pp.10-15)。

表2.1　「財務報告に係る内部統制の評価及び監査の基準」の内部統制の基本的要素

基本的要素	説　明
統制環境	統制環境とは、組織の気風を決定し、組織内の全ての者の統制に対する意識に影響を与えるとともに、他の基本的要素の基礎をなし、リスクの評価と対応、統制活動、情報と伝達、モニタリング及びITへの対応に影響を及ぼす基盤をいう。
リスクの評価と対応	リスクの評価と対応とは、組織目標の達成に影響を与える事象について、組織目標の達成を阻害する要因をリスクとして識別、分析及び評価し、当該リスクへの適切な対応を行う一連のプロセスをいう。
統制活動	統制活動とは、経営者の命令及び指示が適切に実行されることを確保するために定める方針及び手続をいう。 　統制活動には、権限及び職責の付与、職務の分掌等の広範な方針及び手続が含まれる。このような方針及び手続は、業務のプロセスに組み込まれるべきものであり、組織内の全ての者において遂行されることにより機能するものである。
情報と伝達	情報と伝達とは、必要な情報が識別、把握及び処理され、組織内外及び関係者相互に正しく伝えられることを確保することをいう。組織内の全ての者が各々の職務の遂行に必要とする情報は、適時かつ適切に、識別、把握、処理及び伝達されなければならない。また、必要な情報が伝達されるだけでなく、それが受け手に正しく理解され、その情報を必要とする組織内の全ての者に共有されることが重要である。

表2.1　つづき

基本的要素	説　明
	一般に、情報の識別、把握、処理及び伝達は、人的及び機械化された情報システムを通して行われる。
モニタリング	モニタリングとは、内部統制が有効に機能していることを継続的に評価するプロセスをいう。モニタリングにより、内部統制は常に監視、評価及び是正されることになる。モニタリングには、業務に組み込まれて行われる日常的モニタリング及び業務から独立した視点から実施される独立的評価がある。両者は個別に又は組み合わせて行われる場合がある。
ITへの対応	ITへの対応とは、組織目標を達成するために予め適切な方針及び手続を定め、それを踏まえて、業務の実施において組織の内外のITに対し適時かつ適切に対応することをいう。 　ITへの対応は、内部統制の他の基本的要素と必ずしも独立に存在するものではないが、組織の業務内容がITに大きく依存している場合や組織の情報システムがITを高度に取り入れている場合等には、内部統制の目的を達成するために不可欠の要素として、内部統制の有効性に関わる判断の規準となる。 　ITへの対応は、IT環境への対応とITの利用及び統制からなる。

出所)　企業会計審議会、『財務報告に係る内部統制の評価及び監査の基準並びに財務報告に係る内部統制の評価及び監査に関する実施基準の改訂について（意見書）』、2023年4月7日、pp.10-15（https://www.fsa.go.jp/news/r4/sonota/20230407/1.pdf）。

2.5　不正・不祥事防止のための基本的要素

　内部統制のフレームワークは、組織体の目的を置き換えることによって、さまざまな課題に対応することができる。ここでは、不正・不祥事の防止を目的とした場合に、内部統制の基本的要素は何になるかを検討する。不正・不祥事を防止するためには、表2.2に示す6つの基本的要素の視点から考えるとよい。

表 2.2 不正・不祥事防止のための基本的要素

基本的要素	説 明
統制環境	経営理念等で不正・不祥事の発生を防止するという組織体の方針を明確にし、組織体内に周知・徹底することである。わかりやすくいえば、「利益」だけを第一の目的にするのではなく、関連する法令等を遵守する、顧客の立場に立った対応を行うといった組織体の姿勢を明確にする。 具体的には、経営者が、さまざまな場で、コンプライアンスを強調する発言をしたり、コンプライアンス推進部門から現状や課題について話を聞く場を定期的に設けたりすることが重要である。
リスクの評価と対応	不正・不祥事が発生するリスクがどこにあるか、そのリスクの大きさを評価し、必要な対応策を検討する。不正・不祥事のリスクは、不正・不祥事が起こりやすい領域、つまり、金銭に絡む領域、機密情報・個人情報を取り扱う領域、法令やガイドライン等の規制がある領域を中心に洗い出すことがポイントである。 リスクへの対応策には、さまざまなものがあるが、関係者が参画して検討することが重要である。対策には、物理的対策（施錠管理など）、管理的対策（ダブルチェックや管理者によるチェックなど）、技術的対策（情報システムや監視カメラなど）のほかに、不正・不祥事の発生を予防するための対策、不正・不祥事が発生した場合にそれを速やかに発見するための対策、復旧や被害の拡大防止などを行うための対策がある。 これらの対策を組み合わせて、不正・不祥事の発生可能性と影響度を低減する対策を検討する。
統制活動	検討した対策を実施することである。対策をいくら検討してもそれを実施しなければ意味がない。規程やマニュアルを策定しても、それを実践しなければ意味がない。「リスクの評価と対応」で検討された対応策が整備され、運用されることが重要である。

2　不正・不祥事のメカニズム

表 2.2　つづき

基本的要素	説　明
情報と伝達	不正・不祥事を予防するためには、日頃から組織体内の情報共有を図るとともに、不正・不祥事が発生した場合に経営者に対して速やかに報告する仕組みを整備・運用する。例えば、経営者が不正・不祥事防止について、日頃から従業員に周知したり、コンプライアンス推進部門が各部門に情報提供したりする必要がある。情報と伝達は、他の基本的要素間の連携を図る上で重要な役割を果す。
モニタリング	不正・不祥事に関する統制環境、リスクの評価と対応、統制活動、情報と伝達、IT への対応が整備・運用されているかどうかをモニタリングすることによって、不正・不祥事の発生を低減する。モニタリングは、3 線モデルの第 1 線(事業所・部門など)における部門長・管理者などが実施するとともに、第 2 線(コンプライアンス部門など)および第 3 線(内部監査部門)が実施する。 　当然のことながら、経営者は、組織全体をモニタリングすることになる。
IT への対応	不正・不祥事を防止するためには、人間によるチェックだけでは不十分である。そこで、IT を活用したチェックが不可欠になる。不正な仕訳・支出・調達がないかどうかのデータチェック機能を情報システムに組み込んだり、機密情報や顧客情報への不正なアクセスをチェックする機能を盛り込んだりすると有効な対策になる。 　経営者の不正・不祥事の防止に対する決意を組織体全体に伝えるために、グループウェアが利用できる。また、組織内で不正・不祥事の防止に関する e ラーニングや情報共有を行ったり、統制活動に IT を利用したりする方法もある。 　なお、IT を利用した不正・不祥事や IT 調達に関わる不正・不祥事もあることも忘れてはならない。

2.6　内部統制の限界

内部統制の考え方を参考にして不正・不祥事に強い組織体をつくろうとしても、不正・不祥事を完全に防ぐことはできない。整備した統制活動（コントロール：作業プロセス、作業手順などのこと）には、不備があるかもしれないし、定められた統制活動をうっかりして守らなかったり、故意に守らなかったりすることがあるからである。

図2.5 に示すように、不正・不祥事を防止するための体制や業務プロセスを整備し、それを遵守しているかどうかをチェック（運用状況のチェック）するが、すべてを完全にチェックすることはできない。これが内部統制の限界である。

もう一つの限界は、経営者の不正・不祥事を防ぎにくいということである。経営者は、内部統制の整備・運用を指導・監督する立場であり、内部統制の基本的要素は、経営者の影響を受けることが少ないからである。それでは、経営者を統制する仕組みはなんだろうか。経営者を監視する機能として、監査役、監査（等）委員、ステークホルダー（株主、投資家、取引先、市民など）が挙げられる。この中でも、監査役と監査（等）委員の役割が大きい。なぜならば、彼らの職務は、取締役の執行状況をチェックすることだからである（図2.6）。

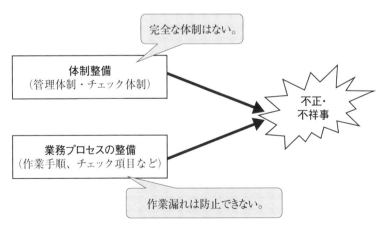

図2.5　不正・不祥事防止の仕組み

2

不正・不祥事のメカニズム

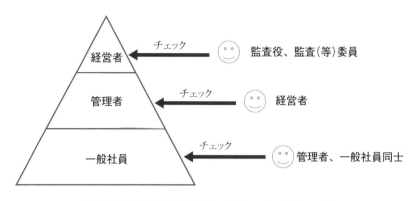

図2.6　不正・不祥事に関わるチェックのイメージ

2.7　3線モデル

　不正・不祥事を防止するための体制として、IIA（内部監査人協会）が提唱する3線モデルが参考になる。3線モデルについて、コンプライアンスを例に挙げて説明すると、**図2.7**に示すように事業者や各部門（第1線）でコンプライアンスの確保を実践し、コンプライアンス推進部門（第2線）は第1線がコンプライアンス確保を行いやすいようにルールを作成し、体制を整備して、全社的な教育を実施するなどの指導・監督を実施する。また、第1線および第2線が業務を適切に実施しているかどうかを内部監査部門（第3線）が監査する。このようにコンプライアンスの確保を3層に分けて考えるのが3線モデルである。

　3線モデルの考え方は、コンプライアンスの確保だけではなく、さまざまな不正・不祥事を防止するために有効な考え方である。

2.8　内部通報制度

　不正・不祥事を防止するための仕組みとして「内部通報制度」が有効である。
　内部通報とは、企業等において不正があった場合に、それを内部通報窓口等に通報することであり、公益通報者保護法によって、内部通報制度として定め

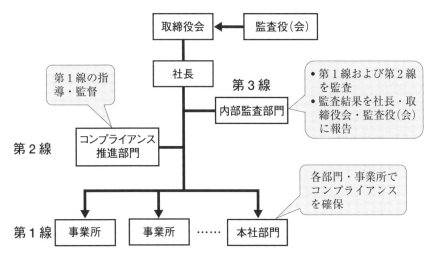

図 2.7　コンプライアンスの確保と 3 線モデル

られている。同法第 1 条において「この法律は、公益通報をしたことを理由とする公益通報者の解雇の無効及び不利益な取扱いの禁止等並びに公益通報に関し事業者及び行政機関がとるべき措置等を定めることにより、公益通報者の保護を図るとともに、国民の生命、身体、財産その他の利益の保護に関わる法令の規定の遵守を図り、もって国民生活の安定及び社会経済の健全な発展に資することを目的とする。」(下線は筆者)と定めている。

　また、同法を所管する消費者庁は、広報用チラシ(「改正公益通報者保護法—勤務先の不正を通報した人を保護する法律」)において、公益通報は、「企業などの事業者による一定の違法行為を、労働者(パートタイム労働者、派遣労働者や取引先の労働者などのほか、公務員も含まれます)・退職後 1 年以内の退職者・役員が、不正の目的でなく、組織内の通報窓口、権限を有する行政機関や報道機関などに通報することをいいます。」(下線は筆者)と説明している。

　つまり、公益通報は、企業等が違法行為をした場合に、通報窓口等に通報することである。ここで、「不正の目的でなく」とは、企業等の活動を妨害したり、特定の個人を誹謗中傷したりする通報は除外するということである。

　公益通報者保護法では、公益通報(内部通報)を行った労働者などを保護することが定められている。しかし、内部通報には、次のような課題がある。

①　経営者不正に関する内部通報の取扱い

　企業等に所属する者にとって、経営者の不正について内部通報を行うことはなかなか難しい。なぜなら、経営者不正について知ることができる者は、限定されるからである。

②　内部通報先の独立性・信頼性

　内部通報者にとって、通報先が信頼できるかという疑問が残る。例えば、経営者不正を通報した際に、その内容が直接経営者に伝わってしまわないか、その結果通報者にとって不利なことが生じないかという懸念がある。内部通報制度を確実なものとして、不正・不祥事の発生を防止し、被害の拡大を防ぐためには、内部通報先の独立性を確保するとともに、秘密保持を徹底し、信頼されるものにする必要がある。また、通報した内容について、調査等が実施されることも通報者からの信頼を高めるために重要である。通報しても通報した内容について調査が行われなければ、内部通報先に対する不信感をもつからである。

③　通報内容の真実性

　通報内容が事実かどうかも重要である。通報者が勘違いをしているケースもあるので、事実の確認が必要になる。また、他人を貶めるために内部通報を行う可能性もある。そこで、通報内容が事実かどうかを確かめてから、必要な対応を行う必要がある。

④　通報に関する調査

　通報内容を調査する体制も必要になる。また、調査は、不正・不祥事調査について知見のある者が実施する必要がある。外部機関に委託する方法や、内部監査部門が実施する方法も考えられる。

⑤　通報者の保護

　公益通報者保護法で通報者の保護が定められている。公益通報者保護法では、刑事罰・過料の対象となる不正に関する通報が対象になっているが、不

祥事については、必ずしも公益通報者保護法の対象になるとは限らない。そこで、通報者の保護は、刑事罰・過料の対象にならない不祥事も含めて、通報者の保護を図るようにする必要がある。

　ところで、内部通報制度を不正・不祥事の視点から整理すると、**図 2.8** のようになる。内部通報の対象は、刑事罰・過料の対象となる不正なので、それ以外の不正・不祥事は対象にならない。しかし、内部通報者は、刑事罰・過料に該当するのかそうではないのかを判断することが難しいので、刑事罰・過料に該当しない不正・不祥事に関する情報も内部通報担当部署に通報する可能性がある。このような情報についても適切に対応しないと、企業等の内部に不満がたまる可能性がある。

　さらに内部通報の担当部署が信頼できるかどうかということも内部通報者にとっては大きな不安である。秘密保持だけでなく、通報に対して的確・適時な対応が行われなければ、通報を行ってもしようがないということになるので、内部通報担当部署に対する信頼度も高めなければならない。

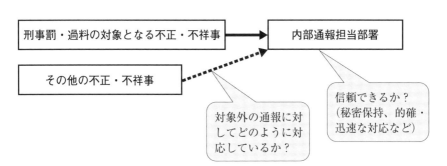

図 2.8　不正・不祥事と内部通報制度

内部通報の有効性

　ある企業で内部通報の有効性について、内部監査を実施したそうである。監査では、内部通報体制が整備・構築され、従業員（非常勤、グループ会社従業員などを含む）に周知されているか、秘密保持はどのように確保されているか、内部通報件数が極端に少なかったり、多かったりしていないか、内部通報に関する調査結果はどのようにフィードバックしているかなどについて、確かめたそうである。内部通報制度が形だけのものでなく、有効に機能するようにしておくことは、不正・不祥事を防止する有効な対策になる。特に取締役や監査役（監査（等）委員）は、内部通報制度を有効に機能させる責任があり、内部通報制度がよりよい企業にするために重要なことを忘れてはならない。

第3章

財務報告・金銭に関わる事件

不正・不祥事の典型は、財務報告の不正・不祥事、金銭の窃取等である。ここでは、財務報告・金銭に関わる不正・不祥事を取り上げて説明する。また、公表されている第三者報告書を引用して、どこに問題があったのかを検討する。

3.1　東芝事件

本件は、工事進行基準における会計処理、映像事業における経費計上に関わる会計処理、半導体事業における在庫の評価に関わる会計処理、パソコン事業における部品取引等に関わる会計処理に関して不適切な会計処理を行った事件である。

株式会社東芝の発表によれば、「当社は、現在、調査報告書の精査、確認を鋭意進めているところではございますが、第三者委員会の調査結果の範囲において、税引前損益の要修正額が累計マイナス 1,518 億円となる多額の不適切な会計処理が 2008 年度から 2014 年度までの長期にわたり行われてきたことが判明したこと、また 7 月 21 日現在においても決算発表ができておらず、株主、投資家をはじめとするステークホルダーの皆様に多大なるご迷惑をおかけしま

したことを深くお詫びします。」としている（株式会社東芝「第三者委員会の調査報告書全文の公表及び当社の今後の対応並びに経営責任の明確化についてのお知らせ」、2015年7月21日）。

この事件は、株式会社東芝の経営に大きな影響を及ぼしただけでなく、社会的な影響も非常に大きく、次のような会計上の不適切な処理が指摘されている。

①　工事進行基準に関わる不適切な会計処理

第三者委員会「調査報告書」（2015年7月20日、p.31）によれば、「工事進行基準とは、工事契約に関してその工事の完成以前に工事収益総額、工事原価総額及び決算日における工事進捗度を合理的に見積り、これに応じて当期の工事収益及び工事原価を計上する方法をいう。」と説明している。

この方法は、建設やシステム開発など、工期の長い事業で行われている収益・原価の計上方法である。工事収益総額、工事原価総額および工事進捗度の3つに対する信頼性が重要であるが、見積りや進捗度の把握が恣意的に行われてしまうリスクがある。つまり、見積りを調整することによって、利益の計上を操作することが可能になるリスクがある。

株式会社東芝の場合には、社内カンパニーの一つである電力システム社、SIS社（社会インフラシステム社）、CS社（スマートコミュニティの実現を主な業務範囲とするカンパニー）で、工事進行基準に関して不適切な会計処理が行われていた。

②　映像事業における経費計上等に関わる会計処理

調査報告書（p.181）によれば、「映像事業の事業部門においては、損益目標値を達成するための対策として、C/Oと称する損益調整、すなわち、当期で引き当てるべき引当金を計上しなかったり、経費の計上を翌期以降に先延ばししたりすることによって見かけ上の当期利益を嵩上げすることを行ってきた。具体的には、各四半期において、事業部門が期中から期末にかけて地域別の損益見込みを集計し、目標損益との差に対する改善施策を立案・実行しているところ、売上増やCD等の通常の改善実施では埋められない差を調整するため、

C/O を実施してきたものである。」(C/O：キャリーオーバー。下線は筆者)と説明している。調査報告書では、引当金に関する不適切な C/O の主な内容として、「販社における販売促進費やリベート等の不適切な会計処理」、「欧州販社におけるリベート計上漏れ」、「中国販社におけるエコ政策補填金に関する不適切な会計処理」、「米国販社でのリベート計上漏れ」を挙げている。

このような不適切な会計処理が発生した原因として、「業績悪化のなかでのコーポレートからのプレッシャー」、「コーポレートトップらによる(当期利益至上主義にもとづく)不作為」、「適切な会計処理に向けた意識の欠如」、「映像カンパニー等内部における内部統制機能の不備」、「コーポレートにおける内部統制機能の不備」を挙げている。

収益および経費の適正な計上は、財務報告の基盤となるものであるが、利益操作のために収益や経費の計上時期等を操作するリスクがある。

③　パソコン事業における部品取引等に関わる会計処理

調査報告書(pp.214-215)では、「部品取引は将来の完成品取引を前提としたものであって(部品取引と完成品取引は実質的に一連の取引)、東芝は、ODM へ供給した部品は、加工の上、完成品という形で買い戻していると考えられることから、部品取引は、実質的に買戻条件付取引といえる。よって、部品供給時点では、収益認識要件の1つである「財貨の移転の完了」を実質的に満たしておらず、部品取引時に収益の計上を行うことは当該一連の取引実態を適切に表していない。したがって、各決算期においては、部品取引後、完成品取引が完了していない部品及び完成品、すなわち ODM 在庫については、部品取引時に認識した利益相当額(当該マスキング値差に係る製造原価をマイナス)を取り消す必要がある。」とし、「〈前略〉東芝では ODM への部品供給量を調整することで、多額の利益計上が可能な仕組みになっていた。」(下線は筆者)と説明している。

部品取引の収益計上時期を操作することによって、利益操作を行っており、この結果、財務報告が適切ではなかった。

25

④　ディスクリート、システムLSIを主とする半導体事業における在庫の評価に関わる会計処理

㋐　不適切な廃棄処理

　調査報告書(p.248)によれば、「ロジックLSI事業部(システムLSI事業部)は、もともと特定用途・特定顧客向け製品であるASIC製品を中心に製造していた。ところが、ある顧客が自らの製品に用いる部品を変更したこと等により、ASIS製品が在庫として滞留したものである。」

　この滞留品について、在庫を廃棄することが決定され、この廃棄に伴って会計処理(簿価全額について廃棄損として計上)も行われた。しかし、未廃棄のままとなっていた在庫が存在することが判明した。また、本件ASIC在庫および未廃棄ASIC在庫のいずれにも、「帳簿価額を処分見込価額まで切り下げる方法」で評価減をすべきであった。

㋑　不適切な原価差額の処理

　調査報告書(p.264)では、「S&S社の半導体事業では、予算上の工場操業度、材料費、労務費等に基づいて算出されるTOVを用いた原価計算を採用している。　一方で、半導体事業の製造工程は、前工程と後工程に分かれているところ、TOVは工程別に決定しており、また原価差額(TOVと実際に発生した原価との差額)も工程別に発生する。」と説明した後に、「しかし、S&A社における四半期毎の原価差額配付計算においては、工程別に原価差額の配賦を行わず、簡便的に前工程及び後工程の発生原価差額の合算値を「前工程期末在庫」(期末中間品)、「後工程期末在庫」(期末完成品)及び「売上原価」(完成品原価)へ一括配賦している(以下当該方法を「合算配賦法」という。)。」と説明し、「合算配賦法では、後工程における発生原価差額が本来配賦すべきでない前工程期末在庫に配賦されることとなり、厳密な計算方法ではない。」(下線は筆者)と説明している。

　また、調査報告書(p.265)では、「S&S社の半導体事業においては、各製品毎にTOVを設定しているところ、東芝経理規程上は、TOVの改訂に関しては、「原則として年一回予算編成に先立って実施するものとし、同一予算期間

原価差額（原価差異）に注意

原価差額（原価差異）とは、原材料と完成品の間の原材料に関する差額のことである。原材料を無駄なく使用して製品を製作すれば、原価差額は発生しないが、原材料と完成品の間には必ず差異が発生する。この差異が一定の範囲内であれば問題はないが、大きな差異がある場合には、原材料の横流しをしているのではないかといった疑念を抱くことになる。完成品のコスト削減のためには、原価差額の最小化が重要であるが、不正・不祥事防止の視点から見ると、原価差額が大きな金額になっているかどうかをチェックする必要がある。

中の改訂は特別の場合を除いて行なわない」と定められている。しかし、実態としては、年2回、第1四半期の開始時（4月）と、第3四半期の開始時（10月）に改訂を行っている。」、「これに対し、S&S社においては、2011年度第3四半期に四日市工場（メモリ事業部）の操業度が、期首に見積られた予算上の水準よりも大幅に低下することが見込まれたため、期中において、臨時的に前工程のTOV改訂（増額154％）を実施した。〈中略〉その結果、前工程と後工程の間で標準原価の連続性は失われた。」と指摘している。

解説と教訓

会計処理に関わる不正・不祥事は、会計の粉飾、つまり、利益操作が行われることが少なくない。東芝事件では、工事進行基準における収益計上、映像事業における経費計上、部品取引に関わる経費計上、在庫評価（原価差額）に関わる不適切な会計処理が行われていた。

収益・費用の計上を適切に行うことは、会計処理の基本である。会計に関わる不正・不祥事の発生を防止するためには、会計の基本に従った処理を行うことが大切であり、そのためには、経営者以下、会計に関わる倫理観を高めていくことが重要である。

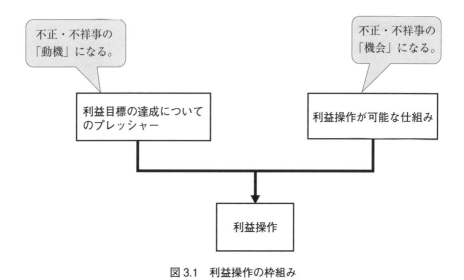

図 3.1　利益操作の枠組み

　不適切な会計処理を防止するためには、不正のトライアングルが形成されないようにする取組みが必要になる。

　虚偽記載の理由にはさまざまなものがあるが、株式会社東芝の場合には、図3.1 に示すように利益目標の達成についてのプレッシャーが挙げられる。何とかして利益を確保しなければならないというプレッシャーがあると、会計上の

費用と収益の期間対応（カットオフ）

　会計の世界では、費用と収益を期間対応させることが必須である。費用の計上時期や収益の計上時期を操作することによって、利益を増やしたり減らしたりすることができるので、計上時期に恣意性が働かないようにしなければならない。

　恣意性が特に働きやすいものは、資産の評価である。客観的に資産の評価を行わないと、価値のない資産に価値があるように見せかけたりすることになりかねないからである。

操作をして粉飾したくなる。このような状況に加えて、利益操作ができる仕組み（会計処理に関わる業務プロセス上の不備や不十分な内部監査など）があると、利益操作を行う可能性が高くなる。

3.2　西武鉄道事件

　東芝事件は、財務情報に関わる事件であったが、財務情報以外の不正・不祥事もある。会計の世界では、非財務情報と呼ばれているものである。上場会社が作成し、財務局に提出している有価証券報告書には、財務情報だけでなく、非財務情報（例：サステナビリティ情報）も記載されている。コーポレートガバナンス、SDGs、ESG などに対する社会の関心が高まるとともに、非財務情報の開示に対する要望が高まり、有価証券報告書にさまざまな非財務情報が記載されるようになっている。企業では、非財務情報に関する不正・不祥事についても関心をもち、不正・不祥事が発生しないように取り組む必要がある。

　西武鉄道事件は、株主に関する記載に虚偽があった事件であり、その結果、上場の廃止につながった事件である。

　この事件は、東京証券取引所の定める上場廃止基準（少数特定者持株数（所有株式数の多い順に 10 名の株主が所有する株式及び役員が所有する株式等の総数をいう。）が上場株式数の 80 ％を超えている場合において、1 年以内に 80 ％以下とならないとき）に抵触することを避けようとして、2004 年に西武鉄道が、有価証券報告書において名義を偽装する虚偽記載を行った事件である。

　有価証券報告書は、その専門性や作成作業に時間がかかることから、経営者自らが作成することは現実的にありえない。そこで、最高裁判所の判決では、虚偽記載に会社が協力したことも事実として認定されている（出所：https://www.courts.go.jp/app/files/hanrei_jp/614/081614_hanrei.pdf）。

解説と教訓
　虚偽記載の場合には、経営者が担当部門に指示をして虚偽のある有価証券報

告書を作成させて、財務局に提出させるケースと、担当部門が有価証券報告書の作成過程でミスをして、それに気づかずに財務局に提出してしまうケースがある（**図3.2**）。不正・不祥事を防止するためには、それぞれのケースにおいて講ずべき対策が異なる点に注意しなければならない。

　有価証券報告書は、根拠となる資料に基づいて作成されるので、担当部門が根拠となる資料に基づいて有価証券報告書を作成するプロセスを明確にし、その根拠資料も保存しておくことが大切である。

　経営者が不正の指示を与えて有価証券報告書を作成するケースにおいて、根拠資料の改ざんが行われている場合には、不正の発見が難しい。そこで、根拠資料がどのようなプロセスで作成されているか、作成手順書を明確にして、各作業過程での記録を残すようにするとよい。

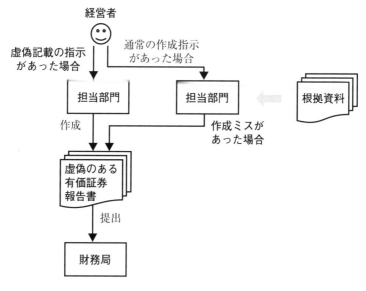

図 3.2　虚偽記載の 2 つのケース

有価証券報告書提出時の注意点

　ある会社では、内部監査部門が有価証券報告書の作成および提出業務が適切に行われているかどうかを確かめたそうである。この際には、有価証券報告書の作成プロセスを把握して、誤りが発生するリスクを把握し、そのリスクを低減するための対策が講じられ、有効に機能しているかどうかを監査したそうである。このときに重要なことは、提出後に再確認する作業が行われていることである。誤りは誰にでも発生する可能性があるので、必ず再確認する習慣をつけることが重要である。

3.3　オリンパス事件

　オリンパス事件は、過去の損失計上の先送りに関わる不適切な会計処理に関する事件である。オリンパス株式会社第三者委員会「調査報告書（要約版）」(2011 年 12 月 6 日、p.3)によれば、「本委員会の調査の目的は、ジャイラス及び本件国内 3 社の買収に関する検討開始から取引実行に至る一切の取引及びこれに関連する取引に関して、オリンパスに不正ないし不適切な行為、又は妥当性を欠く経営判断があったか否かを検証すること、オリンパスのガバナンス体制の改善強化に関する提言その他、調査結果に基づき、投資家、株主、取引先等のステークホルダーに対するオリンパスの上場企業としての責任に照らして、オリンパスの組織・運営等に関して改善すべき点があればその指摘と改善策に関する提言を行うことである。」(下線は筆者)としている。

　同要約版(p.4)では、本件損失処理スキームの特徴として、「オリンパスが自ら組成したファンド等に損失の発生した資産等を売却し、その後、その損失処理に必要な資金を企業買収にかかわる名目で提供している点に特徴がある。すなわち、ファンドが所有するベンチャー企業を実際よりも著しく高い価格で買収することによりファンドに資金提供する場合と、買収を仲介した第三者に著

しく高額な手数料を払うことにより資金を環流させる場合がある。いずれの場合においても、オリンパスにはのれんが計上されており、その後、償却・減損処理を行うことにより多額の損失が発生している。」(下線は筆者)と説明している。

同要約版(p.6)では、「膨れ上がる含み損につき先送り策をもって対応していた1997年から1998年にかけて、金融資産の会計処理については、それまでの取得原価主義を改めて時価評価主義に転換する動きが本格化し始めた。」(下線は筆者)と説明した後に、「こうした状況を踏まえ、オリンパスでは、山田及び森が中心となって、時価会計の適用によって、それまでの巨額の含み損が表面化する事態を回避するための方策につき検討を始めた。」(下線は筆者)と述べている。

特筆すべき点は、同要約版(p.7)で、「本件損失処理策の存在及びその実行状況を知っていたのは、その実行者である山田及び森のほか、下山、岸本、菊川及び大田であった。このように、本件損失処理策は、オリンパスの巨大な負の遺産として、いわば裏の最優先経営課題と位置づけられていた。」(下線は筆者)と指摘している。

なお、調査報告書で名前が出てくる下山氏は、1985年当時の社長、森氏は前副社長、岸本氏は、1993年に社長に就任、山田氏は前常勤監査役で1985年頃の資金グループ係長であり、菊川氏は、岸本氏の後任として2001年に社長に就任している(「調査報告書要約版」、pp.8-9、p.12、p.17)。関係者は資金業務に関係していることがわかる。

解説と教訓

オリンパス事件の特徴は、経営者による不正・不祥事ということである。また、関係者は、当該不正・不祥事に関係する業務に関係していた者であり、不適切な会計処理がごく一部の関係者に限定されている点に特徴がある。このような不正・不祥事が発生しにくい組織づくりを行うためには、組織の透明性を高めることであり、換言すれば、風通しのよい組織づくりを行うことである。

図 3.3 経営者不正への対処方法

また、「著しく高額」な取引が行われている点にも特徴がある。異常値に注意して、業務を行うことが重要なことがわかる。不正・不祥事に強い組織づくりをするためには、社会常識を培った上で、異常値に関心をもって業務を行うことが肝要である。

経営者不正に対する対策としては、図 3.3 に示すような方法が考えられる。上司に相談する方法もあるが、経営者不正の場合には、上司が経営者に対して

経営者不正には協力して対処

経営者による不正・不祥事に対して、企業の一員である従業員が指摘することが難しい。そこで、監査役や監査(等)委員に情報を伝えたり、内部通報制度を利用したりする方法が考えられる。公認会計士監査のときに密かに情報を伝えてもよいかもしれない。内部通報者に対する保護が適切に行われずに、企業等から報復を受ける可能性もある。経営者不正に対しては、一人で問題を抱え込むのではなく、協力者を増やすことが大切である。また、重大なコンプライアンス違反を発見した場合には、不利益を受けることを覚悟して対応する必要があるのではないだろうか。

発言することは難しいので、現実的ではないかもしれない。また、内部監査部門に情報提供しても、経営者不正を指摘することは難しいのではないだろうか。そこで、監査役や監査(等)委員に情報を提供して対応してもらう方法が有効だと考えられる。ただし、監査役や監査(等)委員に話ができる立場でなければ情報伝達することは難しい。

　そこで、内部通報制度を利用する方法が考えられるが、内部通報制度が有効に機能している組織でなければ難しい。

3.4　東興ジオテック事件

　株式会社髙松コンストラクショングループは、2022年8月17日、「当社の子会社である東興ジオテック株式会社(本社：東京都中央区、代表取締役社長：瀬高末広、以下、「同社」といいます)において、本年4月同社元社員(以下「元社員」といいます)による詐取行為が発覚いたしましたので、本件の概要および再発防止策等について下記の通りお知らせいたします。」と発表し、詐取行為の概要として、「本年4月、元社員が複数の協力会社との取引を利用し、自らに還流させる方法で、金銭や商品券、総額126百万円以上を詐取していたことが発覚いたしました。

　弁護士等の社外の専門家も含め徹底した調査を行った結果、元社員が6年以上にわたり経常的に金銭の詐取を行っていたことが認められたため、当該調査結果を踏まえて、同社は元社員を8月9日付で懲戒解雇し、今後、刑事告訴を行う予定としております。

　同社では、刑事告訴を行った場合には、警察等の捜査機関の捜査に全面的に協力し、事実の徹底的な究明に努めます。」(下線は筆者、出所：https://contents.xj-storage.jp/xcontents/AS70486/debc2025/1421/4737/8937/774a9c7c5175/140120220817520998.pdf)と発表した。

　また、同発表によれば、再発防止策として、「同社はこのような不正行為がおこなわれたことを真摯に受け止め、コンプライアンスの強化をはじめ、抜本

的な組織体制の再構築など実効性ある再発防止策を講じます。

　具体的には同社で問題のあった事業部門を他の事業部門に統合した上で、<u>健全な牽制機能が働く体制を構築してまいります。また同社全社員に集中的にコンプライアンスに関する再教育を行ってまいります。</u>」(下線は筆者)と説明している。

　原因については、この時点では明らかになっていないが、再発防止策を読むと、コンプライアンス(倫理意識)に脆弱な部分があったこと、内部統制(ここでは牽制機能という用語を用いている)に不備があったことがうかがえる。

解説と教訓

　委託先に費用を水増し請求させて、その一部を受け取るという手法は、不正の典型的な手口である(図3.4)。このような不正が発生する原因としては、委託先との共謀ができたこと、工事費支払に関するチェックに不備があったことが考えられる。また、発注業務と、検収業務の両方を担当させていることにも原因がある。

　さらに「複数の協力会社との取引を利用して」と発表されているので、ある協力会社に対する支払を別の協力会社に充当するといった手法が使われていたのではないかと考えられる。

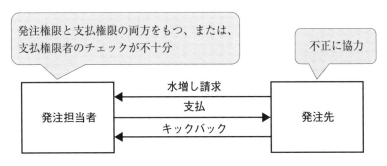

図3.4　費用支払に関わる典型的な不正の手口

3.5　旭テック事件

　原価の付替というオーソドックスな不正・不祥事がある。原価の付替は、案件別の利益管理を厳しく行っている企業等で発生する可能性が高い。利益が上がっていない案件の場合には、費用を少なく見せるといった手口が用いられる。受注額、つまり売上高は、顧客との契約で決まっていることから、利益目標を達成するためには、費用を少なく見せかけることになる。といっても、かかった費用は支払わなければならないので、当該案件に計上すべき費用を他の案件に計上する方法がとられる。ここでは、旭テック株式会社の事件を取り上げて説明する。

　原価の付替は、**図3.5** に示すような手口で行われる。原価管理を実施している企業には、建物等の建設、設備工事、コンサルティング、システム開発などさまざまである。また、プロジェクト単位の原価管理ではなく、製品やサービスごとの原価管理もある。プロジェクトごとの原価管理が厳しい企業では、注意が必要である。

　ラサ商事株式会社の連結子会社である旭テック株式会社の従業員が不適切な

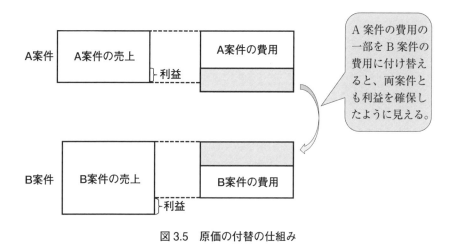

図 3.5　原価の付替の仕組み

会計処理を行っていた疑いについて、ラサ商事株式会社が社内調査委員会を設置して、調査した。その結果は、2021 年 8 月 17 日に調査報告書として公表されている。

調査報告書(p.2)では、「本件事案は、旭テックの<u>第一工事事業部担当部長</u>であるＡが、甲(以下「甲」という。)との取引において、<u>赤字工事の発覚を免れ</u><u>るために</u>、<u>工事番号を付け替える</u>ことにより<u>売上及び売上原価を先送り</u>にするなど不適切な会計処理をしていた疑いがあったところ、同人以外にも、旭テックに所属する役員・社員が本件事案に関与している可能性を否定できなかったため、同社の関係者、同社の取引先等を対象に広くヒアリングを実施することにした。」(下線は筆者)という事件である。

調査報告書(p.14)では、「Ａは、<u>未成工事支出金のうち回収できないもの</u>が出るおそれがあること、又は<u>回収不能なもの</u>があることを認識していたが、かかる不都合な事実が発覚することを恐れ、甲からの受注を管理する<u>工事番号を</u><u>付け替える</u>ことにより、売上の計上時期を不正に先送りしていた。

本来であれば、Ａは、月末に甲から検収通知書が交付されると、甲担当者が記載した工事内容ごとに旭テックが管理用に付けた工事番号のどれに該当するかを<u>手書きで記入して</u>、<u>経理担当者へ検収通知書を回付して会計処理を依頼</u><u>する必要があった</u>。

しかし、Ａは、検収通知書に工事番号を書き入れる際に、甲担当者が記載した工事内容との対応関係をあえて無視し、<u>古い工事番号に係わる入金であ</u><u>るかのように装う</u>べく、古い工事番号から順に充当されるように対応関係を手書きで書き入れ、経理担当にはこのような不正な工事番号の付替えをしていることは伏せたままで会計処理に回し、売上計上時期を先送りする操作をしていた。」(下線は筆者)と説明している。

また、動機について、「旭テックにおいては、年俸制を選択した社員には前年度の粗利をベースにノルマが設定されていたところ、<u>ノルマを達成できない</u><u>場合には翌年度の基本給が減額された上で高額の精算金を支払う</u>ことになっており、収入を維持するにはノルマを達成する必要があった。この点、Ａも年

俸制を選択しており、ノルマを達成するのは当然であり未達は許容されないような社内の雰囲気を感じていたため、自身に課せられた<u>ノルマは必達の課題</u>であると認識しており、かかる認識をもとにたとえ不適切な会計処理に及んでもノルマを達成したいと考えた。」と説明している（調査報告書(p.14)、下線は筆者）。

この不正が発見されたきっかけは、会計監査法人が、「旭テックの財務諸表及び内部統制監査において、甲の<u>未成工事支出金の残高が売上に比して過大</u>であることや、<u>発注書が発行されないまま施工している工事</u>が存在することなどを指摘した。」（調査報告書 p.15。下線は筆者）ことである。なお、この調査では、類似案件についても調査を行い、その結果、不正の兆候を指摘している。

解説と教訓

この事件については、図 3.6 のように整理できる。ノルマの達成は、従業員にとって非常に大きなプレッシャーになっている。統制活動（コントロール）に不備がなければ、不正を起こしにくいのであるが、工事番号が手入力で行われていたために、工事番号の付替が行いやすい環境になったといえる。また、内部監査で不正を発見することができなかった。

調査報告書(p.32)では、「計上すべき会計年度にずれが生じているなど不適切な会計処理を認識していながらも、2 期以上を通算すれば計上した数字に差異がなくなるため、いわゆる<u>「期ずれ」が生じていても些末な問題</u>であるとの認識の下、上場会社又は上場会社のグループ会社として適切に財務状況を報告することの重要性を理解していなかった者もいた。」（下線は筆者）と指摘してい

図 3.6　「無知」も不正の原因

る。

　これは、統制環境の不備ともいえるが、会計に関する「無知」が問題であったといえる。経理担当者は、会計処理の「期ずれ」について非常に注意しているが、経理知識が不十分な者にとっては、意識するまでに至らないことが少なくない。

預け金という不正

　預け金は、一時期、大学で発生していた不正・不祥事の事例である。当年度で支出できなかった予算をそのままにしておくと翌年度に繰り越せないことから、当年度で支出したことにして、翌年度に支出するという手口である。つまり、今年度分として架空の請求書を送付してもらい、それに対して支払う。また、支払った分を翌年度に回して、翌年度は、請求書を送付してもらわずに、物品を納品してもらうということである。この場合、物品等を購入する事業者と共謀しなければ不正・不祥事を行うことができない。また、発注業務と納品検収業務を分離している組織の場合には、このような不正を行うことが難しい。このように兼務してはならない業務を分離すること(職務の分離)の確保が不正防止のポイントである。

架空取引による金銭窃取

　架空発注を行って勤務先から現金を詐取した事件がある。「「カシオ計算機」（東京都渋谷区）元部長の柏木達雄容疑者（61）を詐取の疑いで逮捕した。〈中略〉捜査関係者によると、柏木容疑者は同社の開発部門の<u>部長</u>だった 2015 年 3 月ごろ、<u>架空の発注書類</u>を提出するなどし、約 400 万円を詐取した疑いがある。〈中略〉同社は 17 年 2 月 07 ～ 15 年に元部長が約 4 億 4 千万円を不正流用していたと発表。社内の<u>内部通報</u>で発覚し、16 年 12 月に懲戒解雇した。社内調査に不正を認め、<u>個人的な遊興費</u>として使ったと説明していたという。」（2018 年 11 月 27 日、朝日新聞（夕刊）、下線は筆者）。この事件は、部長という権限のある立場の者が起こした不正であることが特徴である。また、内部通報が有効に機能していた事件といえる。

　また、「製紙大手・王子ホールディングス（HD）のグループ会社で経理を担当していた元従業員が、勤務先の会社資金を 8 億円横領したとして、懲戒解雇されていたことが 21 日、明らかになった。王子 HD への取材で分かった。ほとんどを<u>競馬</u>に使ったという。〈中略〉経理担当者だった 2014 年ごろから 23 年にかけて、社内の<u>金庫から現金を持ち出し</u>たり会社の口座から<u>預金を引き出し</u>たりするなどして、総額約 8 億円を私的にに使っていたという。<u>架空の伝票を作成</u>して社内の会計システムに登録。残高のつじつまを合わせていたという。」（2023 年 6 月 23 日、朝日新聞（朝刊）、下線は筆者）という事件である。この事件も架空伝票、つまり架空の取引を行って、金銭を窃取していた。

第4章

品質・融資等に関わる事件

品質や融資に関わる不正・不祥事も数多く発生している。品質や融資不正は、売上や利益を確保しようとして行われることが少なくない。そこで、公表されている第三者報告書などを引用して、どこに問題があったのかを検討する。

4.1 三菱電機事件

(1) 事件の概要

三菱電機事件は、品質に関する不正が行われた事件である。調査委員会「調査報告書(第4報・最終報告)」(2022年10月20日)では、不正について、「本報告書において、「品質不正」とは、故意・過失を問わず、主として、製品そのもの、又は製品の製造方法、検査方法若しくは保守の方法が法令、公的な規格又は顧客との契約(顧客との間で約束した仕様・手順等)に合致しないことを指す用語として用いる」と定義し、「2022年5月26日から基準日までに実施した調査の結果、合計70件の品質不正が追加で発見された。当委員会の調査開始以降、累計197件となった。」としている。

三菱電機株式会社が2022年10月20日に発表した「品質不適切行為に関する調査状況 当社における品質不適切行為に関する原因究明及び再発防止等

について（総括）」(https://www.mitsubishielectric.co.jp/reform/report/index.html)によれば、不適切行為の概要は、**表4.1** のとおりである。

　品質に関する不適切な行為が広範にわたっていることがわかる。

表4.1　新たに報告を受けた品質不適切行為の概要

事業本部名	不適切行為の概要
①社会システム事業本部	1.　伊丹製作所：10件 2.　長崎製作所：3件 3.　コミュニケーション・ネットワーク製作所：2件 　①電気用品の「型式の区分」の変更届遅延 　②顧客仕様と異なる環境条件
②電力・産業システム事業本部	1.　電力システム製作所：1件 　①タービン発電機における試験成績書の一部不適切な記載 2.　系統変電システム製作所：4件 　①外鉄形変圧器における出荷試験の一部不適切な行為 　②変圧器付属品における試験の一部不適切な行為 他2件
③ビルシステム事業本部	1.　稲沢製作所：2件 　①ビル設備用コントローラーにおける電安法の一部不適合 他1件
④電子システム事業本部	1.　通信機製作所：2件
⑤リビング・デジタルメディア事業本部	1.　中津川製作所：3件 　①産業用送風機における試験成績書への一部不適切な記載 　②換気扇における試験成績書への一部不適切な記載 他1件
⑥FAシステム事業本部	1.　名古屋製作所：1件
⑦自動車機器事業本部	1.　姫路製作所：33件 　①圧力センサーにおける試験の一部不適切な行為 　②カム角センサーにおける試験の一部不適切な行為 　③燃料温度圧力センサーにおける試験の一部不適切な行為 他30件 2.　三田製作所：9件 　①カーナビゲーション製品等における試験の一部不適切な行為 　②EGRバルブにおける試験の一部不適切な行為 　③デッキにおける試験の一部不適切な行為 他6件

出所）　https://www.mitsubishielectric.co.jp/reform/report/index.html

(2) 不正の原因

　調査報告書(p.185)では、「三菱電機で品質不正が行われ、また長期間にわたって温存されてきた直接的な原因として、(1)三菱電機の従業員の間に、<u>規定された手続により品質を証明する</u>という姿勢が徹底されておらず、「品質に実質的に問題がなければよい」との正当化が行われていたこと、(2)本来牽制機能を果たすべき<u>品質部門が脆弱</u>であったこと、(3)ミドル・マネジメントが機能不全を起こしていたこと、及び(4)本部・コーポレートと現場との間に距離・断絶があったことを指摘した。そして、これら直接的な原因を生み出した真因として、(1)拠点単位の<u>内向きな組織風土</u>が存在したこと、(2)内向きな組織風土が生み出される背景に、事業本部制が影響していること、及び(3)品質を第一にするとの<u>経営陣の決意の「本気度」にも課題</u>があったことを指摘した。」(下線は筆者)と指摘している。

(3) 今後の対応

　三菱電機株式会社の「品質不適切行為に関する調査状況　当社における品質不適切行為に関する原因究明及び再発防止等について(総括)」(2022年10月20日に発表、https://www.mitsubishielectric.co.jp/reform/report/index.html)では、今後の対応として、「品質風土改革　〜エンジニアリングプロセスの変革〜」、「組織風土改革　〜双方向コミュニケーションの確立〜」、「ガバナンス改革〜予防重視のコンプライアンスシステムの構築〜」の3つの改革に取り組むとしている。そして、次のように説明している。

　「昨年7月より実施した外部専門家で構成する調査委員会によるアンケートを起点とした当社製造拠点の品質不適切行為調査は今回受領した報告書にて完了しましたが、3つの改革の取り組みは引き続き<u>経営上の最重点課題</u>として継続推進し、その進捗状況については、<u>取締役会がモニタリングする</u>とともに、当社ホームページを通じて社内外に開示してまいります。

　また、関係会社に対しても、CQOが、今回調査で得られた教訓と知見に基づき、実態の把握を行うべく、品質診断を各社ごとに開始しております。今後

は、この診断結果に基づき、各社の特性に応じて、品質不正の未然防止機能に光を当てた改善に取り組み、良好事例を横展開することで、三菱電機グループ全体で品質不正を生まない仕組みの確立に向けた活動を主体的に継続していきます。

　<u>約1年4カ月にわたる調査委員会による調査の過程</u>では、あらゆるステークホルダーの皆様に多大なるご心配とご迷惑をお掛けしていることをあらためて心よりお詫び申し上げます。

　今回の品質不適切事案を深い教訓として、<u>確かな品質で社会に貢献するという基本姿勢</u>をあらためて心に刻み、全グループを挙げて再発防止を徹底してまいります。特に経営層は、経営の本気度が現場に十分に伝わるよう、これまでの<u>コミュニケーション</u>のあり方を抜本的に見直し、現場の課題の解消に責任を持って関与するとともに、不適切行為の発生自体を未然に防ぐ<u>全社的な仕組み</u>を着実に構築していきます。

　皆様からの信頼を回復し、当社への期待に応えるべく、経営層と従業員が一丸となって、新しい三菱電機の創生に向けた変革に、引き続き全力で取り組んでまいります。」（下線は筆者）

解説と教訓

　品質に関する不正・不祥事が広範にわたっている場合には、企業活動の基盤となっている企業文化・風土から変革することが必要になり、改革には手間と時間がかかることになる。

　ところで、三菱電機の不正の原因について、前述の内部統制の基本的要素（**図4.1**）の視点から検討する。

　三菱電機の不正の原因の1番目である「三菱電機の従業員の間に、規定された手続により品質を証明するという姿勢が徹底されていなかったこと」は、統制環境の問題であり、「規定された手続により」は、統制活動が適切に実施されていなかったことになる。調査報告書で指摘している「正当化」については、不正のトライアングルの視点から捉えて原因だといえる。

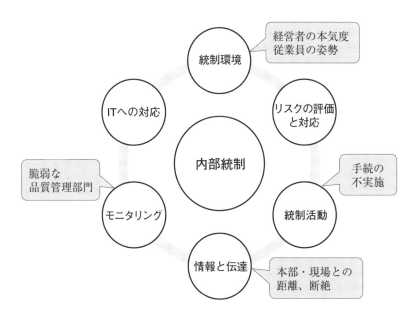

図 4.1　内部統制の基本的要素から見た三菱電機の不正原因

　2番目の原因の「品質部門が脆弱であったこと」は、「モニタリング」の機能が弱かったことだといえる。統制活動をモニタリングする機能が有効に働いていなかったことになる。品質管理部門の活動は、内部監査でよく話題になる「3線モデル」の内、第2線の機能が弱かったことになる。なお、調査報告書では指摘していなかったが、第3線である内部監査が第2線の脆弱性を指摘していれば、問題の発生を防げたかもしれない。

　3番目の「ミドル・マネジメントが機能不全を起こしていたこと」は、「統制活動」の問題だと考えることができる。また、4番目の「本部・コーポレートと現場との間に距離・断絶があったこと」は、内部統制の基本的要素の「情報と伝達」の問題である。

　調査報告書(p.185)では、「そして、これら直接的な原因を生み出した真因として、(1)拠点単位の内向きな組織風土が存在したこと、(2)内向きな組織風土が生み出される背景に、事業本部制が影響していること、及び(3)品質を第一

経営者の本気度をどのように評価すればよいか？

　経営者が、品質管理についてどの程度本気に考えているかをどのように評価すればよいのだろうか。これについては、簡単に見分けることができる。例えば、経営者の年頭の挨拶、年度初めの挨拶の中に、品質管理、品質確保といったキーワードがどの程度ちりばめられているかを見るとよい。また、経営戦略や経営計画の中でどの程度具体的な実行計画が盛り込まれているかを見てもよい。もう一つの評価ポイントは、経営者が日常、品質管理部門からの報告などにどの程度時間を割いているかを確かめるとよい。

　経営者は、自らの行動に従業員が非常に関心をもっていることを意識しなければならない。

にするとの経営陣の決意の「本気度」にも課題があったことを指摘した。」としているが、これらの真因は、内部統制の基礎となる「統制環境」について問題があったことである。統制環境は、経営陣が率先して醸成するものであり、自らが率先して範を示さなければならない問題である。

　内部統制の考え方は、財務報告に関わる領域だけではなく、品質管理の分野にも適用することができる。不正・不祥事の対策については、不正のトライアングルだけでなく、内部統制の視点からも検討を進めるとより有効な対策を講じることが可能になる。

4.2　ミートホープ事件

　農林水産省のプレスリリース「「牛ミンチ」事案に係る立入検査の結果概要について」(2007年6月25日)によれば、「牛挽肉の問題のほか、他商品での意図的な異種肉の混入、賞味期限の改ざん、産地偽装等が判明した。田中社長は、これらの行為を不正と認識した上で、社長自らもしくは社長の意向を受けた幹部社員の指示により、常態的に行われていたことを田中社長及び社員の証

言で確認した。」（下線は筆者）と説明している。また、具体的に、次のような不
正が行われていたとしている。

「具体的には、① 平成10年頃から牛挽肉に<u>豚挽肉、鶏挽肉、豚内臓肉又は
鴨挽肉を混入し</u>、<u>牛挽肉と表示して</u>北海道加ト吉など18社に販売した。平成
18年7月〜平成19年6月20日までの期間に368トン）

② ①の牛挽肉に、<u>外国産牛肉</u>を混入していたにもかかわらず、<u>国産又は北
海道産と表示して</u>販売した。

③ 平成14年頃から牛脂に<u>豚脂を混入し</u>、<u>牛脂と表示して</u>販売した。

④ 牛挽肉及び牛脂について、科学的・客観的根拠がないにもかかわらず、
<u>賞味期限を1日延長して</u>販売した。

⑤ 平成17年頃から<u>牛粗挽肉の原材料に豚肉又はラム肉を混入して</u>販売し
た。また<u>北海道産と表示された牛粗挽肉の原材料のうち牛さがり（横隔膜）
については、オーストラリア産又はニュージーランド産を混入して</u>販売し
た

⑥ 平成14年頃から<u>国産と表示された牛スライスに外国産牛肉（オーストラ
リア産又はニュージーランド産）を混入して</u>販売した。この行為は、製品
製造の5回に1回の割合で行われており、外国産を5%〜20%の範囲で混
入していた。

なお、国産と表示された牛スライス商品には、<u>個体識別番号の表示・伝達が
行われておらず</u>、また、帳簿に個体識別番号の記録がなかった。」（下線は筆者）

この事件は、食品の材料を誤魔化して販売した事件であり、安価な原材料を
用いてコストを下げることによって、不当な利益を得ていたものである。ミー
トホープ社から食肉を仕入れて、それを加工した事業者にとっても被害を及ぼ
した事件である。

なお、プレスリリースによれば、この事件は、株式会社北海道加ト吉にも次
のような影響を及ぼしている。

「① ミートホープから仕入れたコロッケの原材料の牛挽肉に、牛肉以外の
肉が混入していた事実を知らず、商品を製造し、販売したと、工場長は説明し

た。

②　工場長は、本来廃棄しなければならない出荷単位に満たない業務用冷凍コロッケを平成 14 年 4 月頃から約 2 年間、1 個 5 〜 10 円の単価で少なくとも 3 万個、最大で 8 万個をミートホープに販売し、代金として 30 〜 40 万円を得て、会社の利益に計上せず、社員の懇親の目的として使用した。」(下線は筆者)と説明している。

解説と教訓

　ミートホープ事件は、図 4.2 に示すように、原材料に関わる不正が、原材料の製造会社だけの問題ではなく、それを使って商品を製造する製造会社にも影響し、虚偽の原材料を利用して製造した商品を販売する会社の不正にもつながり、最後には顧客にも影響を及ぼすことになる。つまり、サプライチェーンの上流過程で不正が発生すると、その影響範囲が大きいことを示している。

　自社がサプライチェーンの中でどのような位置を占めているのか、また、自社が製造した原材料、製品、最終消費者にどのような影響を及ぼすのかを考えてビジネスを行うことが大切であることを示した事件だといえる。

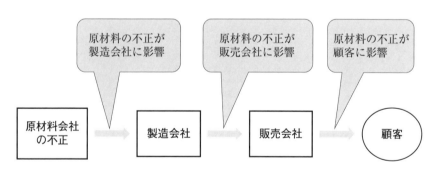

図 4.2　サプライチェーンへの不正の影響

4.3　ふるさと納税での産地偽装

　日本経済新聞(2023年4月6日、電子版、https://www.nikkei.com/article/
DGKKZO69929780V00C23A4CM0000/)によれば、「北海道利尻町が地元産と
していたふるさと納税の返礼品のウニにロシア産が混入していた問題があり、
北海道警は5日、水産加工会社「カネマス上田商店」(厚岸町)の前代表取締役、
上田敏樹容疑者(62)を食品表示法違反の疑いで逮捕した。」とのことである。
逮捕容疑は、「2022年1月下旬〜同2月下旬、ふるさと納税に関連する商品と
して発注を受けたパック入りウニについて<u>外国産を北海道利尻産と虚偽の表
示</u>をし、計11パックを出荷した疑い。」(下線は筆者)であり、動機については、
「捜査関係者によると、上田容疑者は「想定以上のオーダーがあり、対応しき
れなかった。(欠品で)自治体や関係者に迷惑をかけたくないと思い、ロシア産
を混ぜた」と供述。道警は、生産が追い付かなくなり偽装を始めた可能性もあ
るとみて経緯を詳しく調べる。」と報道されている。

解説と教訓

　この事件を不正のトライアングルで考えてみると、次のように捉えることが
できる。

　①　動機

　想定以上の注文があり、生産が間に合わないので、納期に間に合わせたかっ
た。

　②　機会

　利尻町からウニのパックを発送する業務を請け負っていたが、委託元である
利尻町のチェックや、内部管理体制に不備があったことが推定される。同社
は、売上高10億円から50億円、従業員数50人と小規模であり、内部管理体
制が不十分だったことが推定される。また、小規模企業の場合には、経営者の
指示によって不適切な行為を行いやすい環境にあるといえる(出所：https://
baseconnect.in/companies/3002fd11-7cbe-43d5-8108-409a0208db57)。

③　正当化

欠品によって、利尻町や関係者に迷惑をかけないために産地偽装を行ったと考えられる。ただし、報道を見ると、顧客の視点が欠如しているように思われる。

ふるさと納税は国民から評判の高い制度であり、人気の高い返礼品も全国に数多くある。こうした返礼品に対する人気は、返礼品の品質確保が不可欠である。つまり、返礼品に対する信頼が非常に重要である。信頼が失墜すると、産地偽装が行われた返礼品だけでなく、その他の返礼品の信頼も揺らいでしまうことになる（図4.3）。

返礼品の発送業務を受託した企業は、経営者が信頼の確保を認識して、返礼

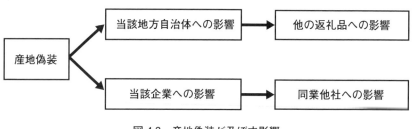

図4.3　産地偽装が及ぼす影響

小規模企業は社長の影響力が強い

小規模企業の場合には、良くも悪くも社長の影響力が強い。産地偽装の事件だけでなく、北海道の知床半島の観光船の事故を思い出す。無理な天候下で出港して大事故を起こしたわけであるが、船舶の管理の不備や、ベテランの船長の解雇といった要因が重なって大事故に至った。社長が利益優先でなく、安全優先の経営、船舶の運航管理を行っていれば事故の発生を防ぐことができたのではないだろうか。

品の発送業務に関わる業務に従事する者を指導・監督するとともに、地方自治体による発送業務に対する監督・指導も必要になる。

このような不正を防止するためには、業務プロセスを明確に定めて、故意による産地偽装に限らず、過失による産地偽装が発生しないような仕組みが必要になる。

4.4　日野自動車事件

(1)　事件の概要

日野自動車株式会社特別調査委員会「調査報告書」(2022 年 8 月 1 日、p.1)によれば、「日野は、2022 年(令和 4 年)3 月 4 日、日本市場向け車両用エンジンの排出ガス及び燃費に関する認証申請において不正行為を確認したとして、その旨公表した。その内容は、中型エンジンである「A05C(HC-SCR)」は排出ガス性能の劣化耐久試験において、大型エンジンである「E13C」及び「A09C」は認証試験の燃費測定において、それぞれエンジン性能を偽る不正行為があったことを確認し、エンジン性能に問題があることも判明したため、これら 3 機種とその搭載車両の出荷停止を決定したこと、並びに小型エンジンである「N04C(尿素 SCR)」についても、不正の有無は判明していないものの燃費性能の問題が判明したことから、「E13C」、「A09C」、「A05C(HC-SCR)」及び「N04C(尿素 SCR)」(以下、これらを合わせて「4 機種」という。)について、国土交通省(以下「国交省」という。)及び経済産業省(以下「経産省」という。)に報告したというものである。また、日野は、2022 年(令和 4 年)3 月 25 日、小型エンジンである「N04C(尿素 SCR)」(小型バス搭載)について、認証試験の燃費測定においてエンジン性能を偽る不正行為があったと判断したことを公表した(以下、4 機種に関する問題を「4 機種問題」という。)。」(下線は筆者)というエンジン性能を偽る不正事件である。

調査報告書(p.101)によれば、「2016 年(平成 28 年)4 月 20 日の報告徴求命令は、国交省が、三菱自動車の排出ガス・燃費試験の不正事案が自動車認証制

度の社会的な信用を失墜させるものであるとして、車両法第 100 条に基づき、<u>国内の全ての自動車メーカー及び自動車輸入事業者など自動車の型式指定を受けた事業者に対して発出した命令</u>であり、これを受けた事業者は、これを真摯に受け止め、真実を正確に報告すべきことは言うまでもない。」（下線は筆者）と説明し、これに対して、「日野が行った回答は、<u>「型式指定取得時の排出ガス・燃費試験において、不適切な事案はなかった」</u>というものであり、その内容において<u>虚偽の報告</u>をしたとの評価は免れない。それは、既に排出ガスや燃費試験において<u>問題のある行為を行っていたパワートレーン実験部が中心となって回答を準備した</u>からである。報告が虚偽であることを認識していたのは、当委員会の調査では、パワートレーン実験部の者に限られ、パワートレーン実験部以外の部署の者や役員クラスの者が、これを認識していたとまでの証拠は見当たらなかった。」（下線は筆者）と指摘している。

(2)　不正の内容

　不正の内容について調査報告書(p.152)では、「パワートレーン実験部は、2016 年（平成 28 年）7 月から同年 8 月に、E9 規制対応の A05C（HC-SCR）について、認証社内試験としての劣化耐久試験を開始し、同年 12 月 5 日頃、劣化耐久試験を終了させた。

　また、パワートレーン実験部は、E9 規制対応の A05C（HC-SCR）の認証社内試験、認証立会試験及びその事前確認を実施するために、2016 年（平成 28 年）8 月 11 日、劣化耐久試験に使用中のエンジンとは<u>別のエンジンを試験ベンチに載せ</u>、同年 10 月 6 日までにこれらの試験等を実施した。

　これらの試験のうち、機構の審査官立会いの認証立会試験は、2016 年（平成 28 年）9 月 28 日及び同月 29 日に実施された。

　以上の試験結果を受けて、E9 規制対応の A05C（HC-SCR）の認証が取得された。」（下線は筆者）と説明している。

　また、調査報告書(p.158)では、「D 氏は、<u>NOx 値を改善させるため</u>、E 氏に対し、HC-SCR が装着されている<u>第 2 マフラーを交換</u>するよう指示した。E 氏

は、この指示に従い、2016 年(平成 28 年)9 月 27 日、パワートレーン実験部実験課(テクニカルセンターとも呼ばれる。)所属の作業員に対して、第 2 マフラーの交換作業を指示する旨の作業依頼票を作成した。」(下線は筆者)と指摘している。つまり、目標とする数値を達成するために、部品の交換を行っていたことがわかる。

　調査報告書(p.184)では、「4 次規制対応のエンジンについては、様々な不正行為が発生しているところ、P11C-VN、E13C-YS 及び E13C-YM の 3 機種は、劣化耐久試験の当時に NOx 値が規制値である 0.4g/kWh を超えているにもかかわらず、規制値を超えないように数値を修正したり、あるいは、恣意的に測定結果を選択することによって、NOx 値が規制値である 0.4g/kWh 以内に収まるような不正行為が行われていた。」(下線は筆者)としている。

(3)　不正の原因

　調査報告書(p.248)では、「本問題は、日野のエンジン開発において、「排出ガス性能」と「燃費性能」を偽って、認証を取得したというものである。日野の役職員は、本問題が発覚する以前に、「排出ガス性能」や「燃費性能」を偽ることが、自動車メーカーにとってどのような意味を持つのか、そして、これらを偽って認証を取得することが、なぜクルマづくりに関わるルールにおいて厳しく禁じられているのかについて、じっくりと考えたことはあったであろうか。」と指摘している。また、「当委員会は、この点を深掘りしていくことにより、以下の 3 つを本問題の真因と考えるに至った。

　真因①　みんなでクルマをつくっていないこと

　真因②　世の中の変化に取り残されていること

　真因③　業務をマネジメントする仕組みが軽視されていたこと」(調査報告書、p.250)と説明している。

解説と教訓

製品の品質をよく見せるための不正・不祥事も枚挙にいとまがない。品質を

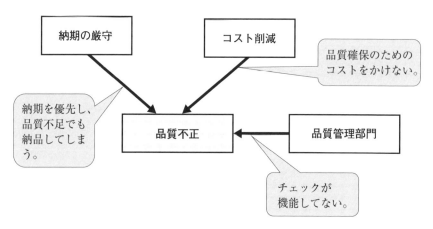

図4.4　品質不正のメカニズム

確保するためには、それなりのコストがかかる。また、製品の製造には、一定の期間が必要になる。コスト削減や納期短縮の要求が強くなれば、「何とかコスト削減を行おう」、「何とか納期に間に合わせよう」と考えてしまう。これが品質不正の動機になる（**図4.4**）。

　日野自動車の不正について、内部統制の視点から考えると、「みんなでクルマをつくっていないこと」は、「統制環境」と「情報と伝達」に関わる問題である。統制環境については、経営トップの意識や職場での倫理意識などが不十分だったといえる。また、情報と伝達については、組織内のコミュニケーションが十分に行われていなかったことである。

　さらに、品質管理部門の監視活動が機能していなかったことは、内部統制の「監視活動」の問題といえる。「世の中の変化に取り残されていること」については、環境の変化に対してリスク評価が適切に行われておらず、それに対する対応策も不十分だったといえる（内部統制の「リスクの評価と対応」の問題）。また、パワーハラスメントも原因として指摘されているが、これは内部統制の「統制環境」に問題があったといえる。

　「業務をマネジメントする仕組みが軽視されていたこと」は、統制活動が実

践されなかったこと、また、パワートレーン実験部が開発業務と認証業務を兼務するという「職務の分離」が適切に行われていなかったことが問題である。職務の分離は、兼務してはならない職務を分離するという考え方であり、統制活動において重要な仕組みの一つである。

4.5 スルガ銀行事件

(1) 事件の概要

　スルガ銀行株式会社第三者委員会「調査報告書（公表版）」（2018 年 9 月 7 日）では、不正行為等について、次のように指摘している。なお、不正行為の概要を図 4.5 に整理したので参照されたい。

(2) 不正の内容

① 債務者関係資料の偽装

㋐ 通帳その他の自己資金確認資料の偽装

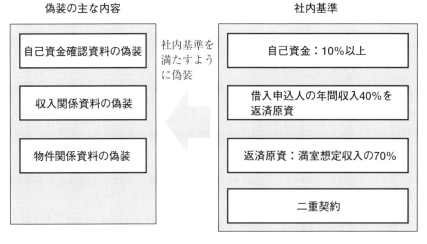

図 4.5　偽装の主な内容

「調査報告書(公表版)」(p.85)によれば、「スルガ銀行では、シェアハウスローンを含む収益不動産ローンにおいて、10%の自己資金を投資家に要求する運用となっていた。これに対して、10%の自己資金を用意できない投資家や当該投資家に不動産を販売したい業者が、10%の自己資金があるかのように偽装する工作が行われた。また、不動産購入後も一定程度の財務力を有していることが審査に当たって重要視されることを踏まえて、不動産購入後も相応の金融資産を有している(債務者属性が良好である)ように見せかけるための自己資金の偽装も同時に行われた。」(下線は筆者)とし、「自己資金確認資料の偽装の典型が銀行の預金通帳やネットバンキング残高の偽装である。預金通帳については、本来原本を徴求すれば確実に見抜ける偽装工作であるが、スルガ銀行では、所得・自己資金の確認資料を原本で確認するのは当然であるという理由で、原本を徴求しなければならない旨の明確な規程が存在しなかったこともあり、原本を徴求する運用が徹底されていなかった。」(下線は筆者)と指摘し、具体的な事例を35件示している。

(イ)　収入関係資料の偽装

「調査報告書(公表版)」(p.88)で、「〈前略〉ストックの自己資金の偽装行為のほか、フローの偽装行為(収入が高いかのように見せかける行為)も行われた。収益不動産ローンの融資基準では借入申込人の年間収入の40%を返済原資とみて融資限度額を算出することとなっていたことから、収入関係資料を偽装して返済原資を多く見せ、本来の限度額を超えた融資を可能とするための偽装と見込まれる。」(下線は筆者)と指摘し、7件の事例を示している。

(ウ)　その他の偽装

以上の(ア)、(イ)の他に偽装が疑われるものを5件(収入関係資料の偽装、団体信用生命保険加入申込みの診断書の偽装など)示している。

②　物件関係資料の偽装

(ア)　レントロールの偽装

「調査報告書(公表版)」(p.90)では、「物件関係資料の偽装の典型例がレント

ロールの偽装である。収益不動産ローンの融資基準では満室想定賃貸収入の70%を返済原資とみて融資限度額を算出することとされていたため、物件価格が高い場合など、<u>その取得資金をできる限り多く貸し出すために</u>、レントロールが偽装されたものと推認される。」（下線は筆者）として、27件の事例を示している。

㈁　物件概要書（事業計画を含む）の偽装

「調査報告書（公表版）」（p.92）では、「〈前略〉稟議申請に当たっては、物件購入後の事業計画（稼働率、運営委託費用、修繕費、保険料等を予測して、投資家のキャッシュフローが融資の返済を上回るか否かを検証するもの）も必要であった。〈中略〉<u>物件概要書の偽装</u>が認められた事例は、例えば下記の通りである。」（下線は筆者）とし、5件示している。

㈂　入居状況の偽装

「調査報告書（公表版）」（pp.93-94）では、「レントロール（実際には空室があるにもかかわらず満室を前提としたもの）の偽装工作を確実にするために、<u>虚偽の賃貸借契約を作成する行為</u>や、<u>ウェブ上に掲載されている空室についての賃借人募集の情報を、業者に命じて取り下げさせる行為</u>も発見された。」（下線は筆者）とし、4件の事例を挙げている。

さらに、「収益不動産ローンにおいては、融資の稟議申請を行う前に、<u>物件の現地調査</u>を営業本部の行員（1億円以上の物件であれば部長クラス、1億円未満の物件であれば所属長クラスが原則であった）が確認するルールとなっていた。」とし、「そのため、行員の中には、物件の調査者が現地に向かう前に、業者に対して調査者が現地に向かうタイミングを教えることがしばしば行われた。これにより、調査が行われる物件について、<u>業者が（空室が少なく見えるように）カーテンを引くこと等の偽装工作を行う</u>ことが可能となっていた。」（下線は筆者）とし、4件の事例を挙げている。

㈃　違法建築の黙認など

「調査報告書（公表版）」（p.94）では、「一部の案件では、違法建築であることを承知して融資を実行している形跡が認められた。」（下線は筆者）とし、3件の

事例を挙げている。また、建物の検査済証の偽装の疑い、管理家賃振込通知書が複数送付されキャッシュフローの偽装を指摘している。

③　売買関連資料の偽装

㋐　売買契約書の偽装（二重契約、減額覚書）

「調査報告書（公表版）」（pp.96-97）では、「売買価格の偽装は、スルガ銀行に見せる<u>本来の価格よりも高い価格の売買契約書</u>と、<u>実際の価格による売買契約書を二重に作成する手法である。</u>」（下線は筆者）とし、「スルガ銀行では、収益不動産ローンの事実上の融資基準として、「自己資金10％ルール」が存在し（第4編第1の3の(6)参照）、事実上、売買価格の90％が融資限度額とされていた。売買契約書の偽装は通常、このルールを潜脱するために行われるものであり、実際にも売買契約書が偽装された事案の多くでは、スルガ銀行に提示される売買価格の約90％が実際の売買価格及び諸費用の合計額となるようにして、虚偽の価格を記載した売買契約書が提出されていた。」とし、「<u>このような方法は広く浸透</u>しており、実際、当委員会がインタビューを行った販売会社（シェアハウスを取り扱っていた）は、スマートライフの取扱案件を販売するに当たって、当初からスマートライフの実質的オーナーとされる者から、「<u>二重契約をして通帳をいじれば、投資家が自己資金ゼロでやれるスキーム</u>」であると説明を受けたと証言している。」（下線は筆者）としており、「2018年8月7日時点でスルガ銀行が二重契約や減額の覚書が締結された可能性があると認識している件数（資料の数）は、シェアハウス等（シェアハウス、簡易宿所及びコンパクトアパートの合計）に限ると184件である。」と指摘している。

㋑　手付金・中間金領収書の偽装

「調査報告書（公表版）」（p.97）では、「自己資金がない者について、通帳の代わりに、手付金等の領収書を偽装して、自己資金があったかのように見せることも行われていた。」とし、7件の事例を示している。

解説と教訓

本事件を内部統制の視点から考えて見ると、まず、「統制環境」(倫理意識)が不十分であった点が挙げられる。この場合の倫理意識は、組織としての倫理意識である。

この点については、「調査報告書(公表版)」(p.292)では、「不正行為が疑われる件数(資料の数)は、当委員会が調査したもので約800件、会社が調査したもので1,000件超などとなっており、スルガ銀行では不正行為が蔓延していた。それは担当者レベルだけではなく、支店長レベルでも、執行役員レベルでも認識していた者は存在する。そしてその構図は、既に述べた「無責任・営業推進体制」とも称すべき態勢にあった。」(下線は筆者)としている。

また、「当委員会が全行員(3,595名)に対して行ったアンケートでは、内部通報制度があることを知っていた者は3,253名(90.5%)であったが、内部通報制度を利用したことがある者は36名(1.0%)、しかし適切な対処が行われなかったという回答が56名(1.6%)ある。更に利用しようと思い立ったものの通報しなかった経験がある者が198名(5.5%)に及ぶ。その通報しなかった理由は、「もみ消される」「報復される」「言うだけ無駄」「誰が通報したか知られる」などである。通報者保護が十分でないと回答した者は2,591名(72.1%)に及ぶ。)」(下線は筆者)と指摘している。

このように内部通報制度に対する信頼もまったくなかったという状況である。組織として、内部通報制度の意義を十分に認識していなかったことに原因があり、これは換言すれば企業文化の問題ともいえる。

「リスクの評価と対応」の視点から見ると、業務プロセスに預金残高が正確でないというリスクが評価されず、またそのリスクに対する対応が行われなかったといえる。さらに、「統制活動」についても、定められた手続が実施されていなかったことが問題である。

加えて、「監視活動」として重要な内部監査についても、「調査報告書(公表版)」(p.186)で「内部監査のうち、業務監査と臨店監査の実施状況を調査したが、いずれも内部監査規程等の社内規程を遵守して職務遂行されていること自

体は確認できた。」が、「いずれの監査も事前に作成した監査計画、監査方針、監査チェックリストなどで特定した項目について形式的かつ事務的な確認をするにとどまり、実質的かつ実効的な監査が行われていたことは見受けられない。」と指摘しており、内部監査の品質が不十分だったことも指摘されている。

特筆すべきことは、監査役の対応に関する調査委員会の指摘である。「調査報告書（公表版）」(p.318)で「問題なのは、不正等の兆候を発見したときの対応である。」とし、「土屋監査役及び灰原監査役は、2017年11月13日の審査第二への往査の際、融資管理部長から6名の問題のある社員のリストを手渡された（土屋監査役のインタビュー結果。監査調書添付書類）。そこには「要注意」とか「業者との癒着？」、「グレー」、「いけいけ」などの記載がなされていた。監査役としては、審査部からこのような紙を渡されたら、問題の兆候として、しっかり調査すべきであろう。しかし両監査役は、その後特段の調査をしなかったし、社外監査役に報告すらしなかった。」（下線は筆者）と指摘しており、監査役の機能が果されていなかった。

スルガ銀行事件は、経営者・監査役を含めて組織全体に倫理意識が極めて脆弱だったことが大きな問題である。また、内部統制の基本的要素の視点から見ても、さまざまな不備があったことが問題である。

3線モデルの視点からスルガ銀行事件を捉えると、企業の利益を上げる部門

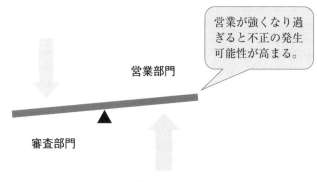

図4.6　不正に関わるアクセルとブレーキ

である営業部門（第1線）と、その活動をチェックする審査部門（第2線）の力関係に極端なアンバランスがあった（図4.6）。さらに、第1線と第2線の活動をチェックする内部監査部門（第3線）の活動も不十分だったため、このように全社的な問題に拡大したといえる。

監査役の重要性

　ある会社でコンプライアンス関係の問題が内部監査で指摘されたことがある。監査役から、監査対象部署から提出された改善計画について、改善のスピードが遅いので、改善ペースを早めるように指摘があった。この指摘を受けて、当該部署は改善に積極的に取り組んだそうである。その後、同様の問題について、監督当局から指摘を受けた企業が多数あったが、この会社では監督当局から指摘を受けることがなかったそうである。

　監査役の発言は非常に重いので、不正・不祥事の防止には、監査役取締役の職務の遂行状況のチェックを適切に行うことが期待される。

なくならない品質不正

　神戸製鋼所でも品質に関する不適切行為が発生している。同社ホームページによれば、「当社グループにおける不適切行為は、具体的には、例えば、顧客仕様を満たさない検査結果を満たす数値に改ざんする行為、実際に測定が行われていないにもかかわらず、測定したかのように試験結果をねつ造する行為などです。

　下表のとおり、このような不適切行為は、アルミ・銅事業部門のみでなく、その他の事業部門や当社グループ会社でも行われていたものであり、当社は、当社グループの多くの拠点で行われていた事実を重く受け止めております。」（出所：https://www.kobelco.co.jp/progress/main-facts.html）と発表している。詳細な報告書については、株式会社神戸製鋼所「当社グループにおける不適切行為に関する報告書」、2018年3月6日（出所：https://www.kobelco.co.jp/progress/files/20180306_report.pdf）を参照

されたい。

このほかにも、SUBARUの品質不正、スズキの自動車排ガスや燃費を測定する検査で測定データを改ざんした事件、日産自動車の完成車検査での不正事件、KYBの免震・制震装置の検査データ改ざん事件、川金ホールディングスの子会社の光陽精機が製造し川金コアテックが出荷する免震・制震装置で検査データの書き換えがあった事件、日本製鋼所の室蘭製作所の品質検査の不正事件、東レの品質の不適正行為など、品質に関わる不正事件が続いている。

品質検査は、専門家でなければなかなか発見することが難しいので、気づきにくいかもしれないが、検査を適正に行うという組織としての倫理意識が希薄になっているケースが少なくない。

融資の不正

西京銀行でもアパート投資向け融資での不正が行われた。朝日新聞によれば、「地方銀行の西京銀行(山口県周南市)の<u>新築アパート融資の資料を不動産会社が改ざん</u>した問題で、融資を受けた顧客が、<u>借金完済までこの不動産会社に物件管理を任せる</u>ことを西京銀に約束させられていたことがわかった。顧客は不正問題を起こした会社に管理を任せざるを得なくなっている。〈中略〉不正問題を起こした不動産会社は東証1部上場のTATERU(タテル、東京)。昨年12月に同社が公表した調査報告書によると、従業員31人が<u>顧客のネットバンキング残高の偽造などで年収を水増しして融資を引き出した。不正は350件にのぼる。<u>顧客に知らせず改ざんした例も多い。</u>銀行名は非公表だが西京銀が多いとみられる。この不正があった融資で、顧客の多くが西京銀の指示で「念書」を書かされていた。朝日新聞が入手した西京銀あての念書では、タテルとアパートの管理委託契約を結ぶことが「融資の条件」とされていた。」(出所:https://www.asahi.com/articles/ASM1H4CMBM1HUUPI002.html、下線は筆者)。融資を行うことが動機と考えられるが、経営者や管理者は、行き過ぎた目標管理が行われていないか、裏付け資料の改ざんが行われないような業務プロセス(チェックの仕組み)を構築するように注意しなければならない。

第5章

情報の窃取・不正閲覧に関わる事件

デジタル社会の進展に伴って情報に関わる不正・不祥事も数多く発生している。企業機密や個人情報に関わる不正は、企業戦略や事業活動に大きな影響を及ぼすだけでなく、顧客にとっても重大な問題につながりかねない。そこで、公表されている第三者報告書などを引用して、どこに問題があったのかを検討する。

5.1　ベネッセ事件

情報の窃取で社会に大きな影響を及ぼした事件がベネッセ事件である。情報漏洩は、外部からの不正アクセス(ハッキングなど)で流出する事件も少なくないが、内部犯行による情報漏洩も少なくない。独立行政法人情報処理推進機構(IPA)の「情報セキュリティ10大脅威2023」によれば、内部不正による情報漏洩は、第4位(2022年は第5位)となっており、前年から順位が上がっていることからもリスクが増大していることがわかる(表5.1)。

内部不正を行うためには、権限と技術(スキル)の両方が必要になる(図5.1)。その意味では、システム管理者による不正・不祥事については、影響が大きいので注意が必要である。ここでは、ベネッセ事件を例に挙げて、説明する。

表 5.1　IPA「情報セキュリティ 10 大脅威 2023」

昨年順位	個人	順位	組織	昨年順位
1 位	フィッシングによる個人情報等の詐取	1 位	ランサムウェアによる被害	1 位
2 位	ネット上の誹謗・中傷・デマ	2 位	サプライチェーンの弱点を悪用した攻撃	3 位
3 位	メールや SMS 等を使った脅迫・詐欺の手口による金銭被害	3 位	標的型攻撃による機密情報の窃取	2 位
4 位	クレジットカード情報の不正利用	4 位	内部不正による情報漏えい	5 位
5 位	スマホ決済の不正利用	5 位	テレワーク等のニューノーマルな働き方を狙った攻撃	4 位
7 位	不正アプリによるスマートフォン利用者への被害	6 位	修正プログラムの公開前を狙う攻撃（ゼロデイ攻撃）	7 位
6 位	偽警告によるインターネット詐欺	7 位	ビジネスメール詐欺による金銭被害	8 位
8 位	インターネット上のサービスからの個人情報の窃取	8 位	脆弱性対策の公開に伴う悪用増加	6 位
10 位	インターネット上のサービスへの不正ログイン	9 位	不注意による情報漏えい等の被害	10 位
圏外	ワンクリック請求等の不正請求による金銭被害	10 位	犯罪のビジネス化（アンダーグラウンドサービス）	圏外

出所）　https://www.ipa.go.jp/security/10threats/10threats2023.html

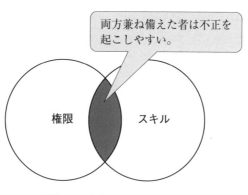

図 5.1　内部犯行のメカニズム

(1)　公表された事実

株式会社ベネッセコーポレーションは、「2014年6月27日、株式会社ベネッセコーポレーションは、お客様からの問い合わせによりお客様の個人情報が社外に漏えいしている可能性を認識し、緊急対策本部を設置するとともに、これらの問い合わせで提供された情報を手がかりとして社内調査を開始しました。

この調査により、同年7月7日、弊社からの漏えい情報であることが確認されたため、緊急対策の意思決定機関として危機管理本部を設置し、外部の情報セキュリティ専門家などを招聘し、データベースの安全確保のための緊急対策を講じ、不審な勧誘などを抑止するための活動を開始しました。

社内調査の結果、弊社の管理するデータベースから個人情報が社外に不正に持ち出されていた事実が存在する可能性が高いことが判明したため、警察に対する相談を開始し、同年7月15日には、警視庁に対して、本件お客様情報漏えい事実についての刑事告訴を行いました。

本件刑事告訴を受け、同月17日、警視庁は、不正競争防止法違反の容疑で、弊社のシステム開発・運用を行っているグループ会社・株式会社シンフォームの業務委託先元社員を逮捕しました。」とし、「業務委託先元社員が、弊社お客様情報を不正に取得し、約3,504万件分の情報を名簿業者3社へ売却していたことが判明いたしました。ただし、この件数は、実際に被害を受けられたお客様よりも多いことが見込まれ、実態の件数としては、約2,895万件と推計いたしました。

＜漏えいした情報項目＞

サービス登録者のかたのお名前、性別、生年月日

同時に登録いただいていた保護者様またはお子様のお名前、性別、生年月日、続柄

郵便番号

住所

電話番号

FAX番号（ご登録者様のみ）

出産予定日（一部のサービスご利用者様のみ）

メールアドレス（一部のサービスご利用者様のみ）

なお、クレジットカード情報が名簿業者へ売却された事実は、一切確認されておりません。」（出所：https://www.benesse.co.jp/customer/bcinfo/01.html、下線は筆者）と発表した。

(2)　調査委員会の報告

株式会社ベネッセホールディングスの「個人情報漏えい事故調査委員会による調査結果のお知らせ」（2014年9月25日）では、次のように説明している。「社内調査の結果、BCの顧客及びBCが契約によらずに個人情報を取得した者（以下「顧客等」という。）の<u>個人情報</u>がBCの管理するデータベース（以下「本件データベース」という。）から<u>社外に不正に持ち出されていた事実</u>（以下「本件個人情報漏えい事実」という。）が存在する可能性が高いことが判明したため、BCは、警察に対する相談を開始し、同年7月15日には、警視庁に対して、本件個人情報漏えい事実についての刑事告訴（以下「本件刑事告訴」という。）を行った。本件刑事告訴を受け、同月17日、警視庁は、<u>不正競争防止法違反</u>の容疑で、BCのシステム開発・運用を行っているグループ会社・株式会社シンフォーム（以下「シンフォーム」という。）の<u>業務委託先</u>の元社員である松崎正臣（以下「松崎」という。）を逮捕した。」（下線は筆者。筆者注：BCは株式会社ベネッセコーポレーション）としている。

(3)　裁判所の判決

裁判所の判決文を読むと、さらに詳しいことがわかる。「本件は、控訴人において、通信教育事業等を営む被控訴人株式会社ベネッセコーポレーション（以下「被控訴人」という。）から委託を受けて被控訴人の顧客の個人情報を分析するシステムの開発・運用等をしていた株式会社Aの<u>業務委託先の従業員</u>（以下「本件従業員」という。）が、控訴人の個人情報（以下「本件個人情報」という。）を外部に漏えいした（以下「本件漏えい」という。）ことにより精神的苦

痛を被ったとして、被控訴人に対し<u>不法行為（民法 719 条、715 条）に基づき</u>
<u>10 万円の慰謝料及び遅延損害金の支払を求めた事案</u>である。本件従業員は、
MTP に対応した<u>スマートフォンを業務用パソコンの USB ポートに USB ケー</u>
<u>ブルを用いて接続して MTP 通信でデータを転送する方法</u>により、被控訴人の
顧客の個人情報（控訴人の本件個人情報を含む。）を不正に取得し、<u>名簿業者に</u>
<u>売却</u>した。

　本判決は、本件従業員による本件漏えいによって、本件個人情報が漏えいし
たことにより、控訴人のプライバシーとして法的保護の対象となる利益が違法
に侵害されたものとして、次のとおり被控訴人の責任を認める旨の判断をし
て、これを認めなかった原判決を変更した。

　(1)　被控訴人及び株式会社 A の本件漏えいの予見可能性の有無の点につい
て、被控訴人及び株式会社 A は、執務室内で個人情報にアクセスし得る業務
に従事する従業員が、セキュリティソフトによって書出し制御の措置を採って
いた MTP 非対応スマートフォン（通信方式が MSC であるスマートフォン）で
はなく、このような措置の採られていない MTP 対応スマートフォンを執務室
内に持ち込んで業務用 PC の USB ポートに接続することにより<u>個人情報を不</u>
<u>正に取得される可能性があること</u>を<u>認識し得た</u>もので、そのリスクの有無を日
常的に調査確認することで、そのリスクのあること及びこれを防止する措置を
講ずる必要性があることを認識できたものと認められる。

　(2)　そうである以上、株式会社 A は、MTP 対応スマートフォンを上記の
執務室内に持ち込んで、本件個人情報に接することのないようにするなど適切
な措置を採るべき<u>注意義務</u>を負っていたというべきであり、これを怠ったこと
について過失があるというべきである。

　(3)　また、被控訴人は、個人情報提供者から提供を受けた個人情報を適切
に管理すべき立場にあるところ、株式会社 A と同様に本件漏えいのリスクを
予見できたのに、被控訴人の管理する当該個人情報の利用を認めた株式会社 A
に対する適切な<u>監督義務</u>に違反した結果、本件従業員による本件漏えいを生じ
させたものと認められるから、控訴人に対し、これによって生じた損害につい

て不法行為責任を負う。被控訴人と株式会社 A の不法行為（及び本件従業員の本件漏えいによる不法行為）は、被控訴人が保有し、その管理を株式会社 A に委託して管理させていた本件個人情報の漏えいに関するものであり、客観的に関連するものであるから、共同不法行為に当たる（民法 719 条 1 項前段）。

　本件従業員は、故意に控訴人の承諾もないまま同人の<u>個人情報を回収不能</u><u>なほどに流出</u>させたもので、これは一般人の感受性を基準にしてもその私生活上の平穏を害する態様の侵害行為であるといえ、本件に顕れた一切の事情を総合考慮すると、これによる控訴人の精神的苦痛を慰謝するためには、1000円の慰謝料が相当である。」（出所：https://www.courts.go.jp/app/hanrei_jp/detail4?id=89108、下線は筆者）

解説と教訓

　本事件は、流出した個人情報の件数が大量であり、スマートフォンを接続してそこに個人情報を複写したこと、システム管理者が不正を起こしたことなどから社会の注目を集めた。この事件のポイントは、システム管理者による犯行だったことが挙げられる（図 5.2）。

　この事件によって、セキュリティツールを導入してスマートフォンや外付け

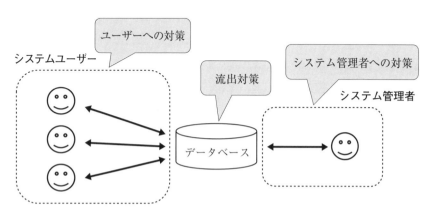

図 5.2　システム管理者による犯行の影響

のハードディスクの接続を制限する仕組みだけでは不十分であり、システム管理者を監視する仕組みの必要性が叫ばれるようになった。また、データが万一流出しても、当該データを容易に見読することができないようにデータを暗号化する対応の必要性が認識された。

システム管理者は、システムに対するアクセス権が幅広く認められているので、一般のシステム利用者に比べてさまざまな操作が可能である。例えば、一般ユーザーの場合には、業務システムを利用しなければ、データベースに対し

システム管理者の不正

顧客からシステム運用・保守を受託しているシステム管理者が、顧客の情報資産に不正にアクセスし、その情報を営業に提供していた事件がある。権限のある者が付与された権限を悪用すると大きな問題につながることになる。具体的には、次のとおりである。

株式会社日立製作所によれば、「国立国会図書館から受託していた館内ネットワークシステムの保守・運用業務(以下、当該業務)において、当社のシステムエンジニア(以下、当該 SE)が国立国会図書館の情報資産の一部を不正に閲覧、取得していたことが、2014 年 3 月 27 日、国立国会図書館の指摘により発覚しました。」と説明している。「2011 年 6 月から当該業務を担当することになった当該 SE が、国立国会図書館から許可されていた館内ネットワークへのアクセス権限を利用してお客様の情報資産を不正に複数回閲覧、取得していました。」また、「不正に閲覧、取得した情報には、国立国会図書館が発注する情報システム等に関する他社の提案書や見積書などが含まれていました。」としている。さらに「当該 SE から、事情を知りながら情報提供を受けるなど、不正行為への関与が認められた社員が 4 人いました。4 人はそれぞれ、当該 SE の上長である SE の主任技師(課長相当職)1 人と、部長代理(課長相当職)1 人を含む営業 3 人でした。」と発表している(出所:https://www.hitachi.co.jp/New/cnews/month/2014/06/0620b.pdf)。

情報の窃取・不正閲覧に関わる事件

て追加・訂正・削除・参照できない。また、担当業務に応じて入力・訂正・削除・参照ができる範囲が制限されている。これに対して、システム管理者は、データベースに対して直接アクセスできること、すべての権限を有していることなど幅広い権限をもっている。

そこで、システム管理者の不正対策として、システム管理者が操作しているログを記録し分析する仕組みや、監視カメラを設置して作業状況を監視する仕組み、複数作業を行うようにして不正行為を行いにくいようにする仕組みなどの対策を講じる必要がある。さらに、データベースからデータをコピーして持ち出しても、容易に見読できないようにするサーバーの暗号化対策を行うことが重要である。

教訓として、権限があり、技術力のある者は、一般ユーザーに比べて不正を起こしやすいという特徴がある。そこで、不正の機会を低減するための監視機能が必要になる。また、業務や処遇に対する不満がないかどうかについて関心をもち、不正のトライアングルの3つの要素を少しでも減らすように努めることが大切である。

5.2　関西電力事件

営業成績を上げることを目的として顧客情報を不正に閲覧、取得する事件がある。企業が顧客から取得した情報は、その目的以外に利用することは許されない。個人情報保護の視点から見ると、目的外利用になるからである。また、第三者へ提供する際もそれを本人に通知する必要がある。

顧客情報の目的外利用・第三者提供の事件として関西電力での顧客情報の不正閲覧事件がある。ここでは、関西電力の事件を取り上げて説明する。

関西電力株式会社「新電力顧客情報の取扱いに係る調査結果の報告について（電力・ガス取引監視等委員会からの報告徴収への報告）」（2023年1月13日）によれば、「当社は、2022年12月、関西電力送配電株式会社が管理していた当社以外の小売電気事業者のお客さまの情報（以下、新電力顧客情報）を閲覧し

活用していたことが判明し、電力・ガス取引監視等委員会(以下、監視等委)から報告徴収を受領しました。」(下線は筆者)とし、次のように説明を続けている。

「当社は、当該報告徴収に指定された2022年9月12日から12月12日の3ヶ月間における新電力顧客情報を閲覧した記録の調査等を行い、本日、調査結果とともに当面の再発防止策等について監視等委に報告しました。

調査結果は別紙の通りですが、730名の当社社員および委託先社員が、14,657契約の新電力顧客情報を閲覧していたことを確認しました。主な閲覧目的は、お客さまからの申し出に対する契約状況の確認や問合せ対応でした。一部、当社からお客さまへの提案活動に利用するために閲覧していたことも確認しています。

本件の原因は、行為規制に関する理解やコンプライアンス意識の徹底が不十分であったことに加え、会社として不適切な業務運用を早期に把握し是正する仕組みが不十分であったことにあると考えています。」(下線は筆者)と発表している。

解説と教訓

本事件は、情報の不正閲覧であるが、このような不正アクセスを防止するためのポイントは、アクセス管理である。アクセス管理の基本は、「業務上の必要性」を検討し、業務上情報に対するアクセスが必要な者にだけアクセス権を付与することである(図5.3)。電力業界のように発送電が分離されている場合には、業務上の必要性が曖昧になる可能性があるので、注意が必要である。なぜならば、もともと一つの会社であった組織を分割して別会社にしたものなので、社員の一体感についても分離・独立することは、社員の意識として難しい。そのために、通常の場合よりも、職務の分離を徹底する必要がある。

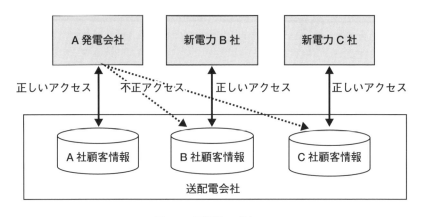

図5.3　不閲覧の仕組み

5.3　その他の事件

（1）　税理士による顧客情報の持ち出し

　税理士による顧客情報の持ち出しという事件がある。専門職による不正は、その社会的な責任を考えると大きな問題につながることになる。

　報道によれば、「京都府警は20日までに、働いていた税理士法人から独立する際に営業秘密である顧客情報を持ち出したとして、「からすま中央税理士事務所」（京都市下京区）の代表で税理士の太田芳樹容疑者(39)＝京都府長岡京市＝と、事務所のアルバイト、上島春香容疑者(33)＝京都市下京区＝を不正競争防止法違反などの疑いで逮捕した。2人とも容疑を認めている。」（2022年1月20日、日本経済新聞（夕刊）、下線は筆者）とし、「逮捕容疑は2020年6月ごろ、2人が働いていた京都市中京区の税理士法人で、取引先の企業2社の財務情報や給与情報をコンピュータから外付けハードディスクに複製し、不正に持ち出した疑い。」、「顧客の契約解除が相次いだため、元勤務先の法人が調べたところ、2人が退職前にデータを持ち出した記録が見つかり発覚した。他にも複数社の顧客情報が持ち出されており、府警が関連を調べている。」（下線は筆者）と述べている。

この事件では、独立を円滑に進めようとしたのが動機で、顧客情報の不正コピーを防止する対策が不十分だったことが原因だと考えられる。退職前の従業員については、情報の持ち出しがないようにアクセス管理を適切に行うとともに、データへのアクセス状況を監視することが重要である。

(2) 柔道整復師国家試験問題の漏洩

この他に、柔道整復師の国家試験問題の漏洩事件がある。全国柔道整復師統合協議会によれば、「令和 4 年 10 月 5 日、柔道整復師の国家試験問題を漏洩したとして、公益財団法人柔道整復研修試験財団理事(兼任　公益社団法人日本柔道整復師会副会長)が逮捕されました。

公益法人役員が起こした今回の事件は、国家試験制度に対する国民の皆様の信頼を損ない、国民医療の一翼を担う柔道整復師の施術に対する信頼も失墜しかねない大問題であります。

個人契約柔道整復師及び請求団体の統合団体「全国柔道整復師統合協議会」は、今回の国家試験問題の漏洩事件を重く受け止め、公益法人役員が起こした事件ではございますが、同じ柔道整復師の業界団体として国民の皆様に心からお詫び申し上げます。

私たち「全国柔道整復師統合協議会」は、二度とこのような事件が起こらないように関係省庁や関係団体と協力していくとともに、すべての柔道整復師のコンプライアンスの徹底や組織改革等について、公益社団法人日本柔道整復師会と協力して取り組んでまいりたいと考えております。」(出所：https://www.zenseikyo.net/post-3036/)と発表している。

柔道整復師法(昭和 45 年法律第 19 号)第 3 条によれば、「柔道整復師の免許(以下「免許」という。)は、柔道整復師国家試験(以下「試験」という。)に合格した者に対して、厚生労働大臣が与える。」とされており、社会的に重要な国家資格になっている。このような試験で試験問題の情報漏洩があると、柔道整復師の社会的な信用の失墜につながりかねない。

5

情報の窃取・不正閲覧に関わる事件

(3)　司法試験の問題漏洩

　司法試験でも問題漏洩事件が発生したことがある。「本学法科大学院元
教授による司法試験問題の漏えいに関する調査結果及び再発防止策等に
ついて」(学校法人明治大学、2016 年 2 月 12 日、https://www.moj.go.jp/
content/001204733.pdf)において、次のように説明している。

　「元教授の刑事裁判における起訴状記載の公訴事実の要旨は、「元教授は、平
成 27 年 2 月上旬から 5 月上旬までの間、複数回にわたり、当該修了生に対し、
自らの研究室内において、<u>自己が作成に関与した同年の司法試験短答式試験の
問題を教示</u>し、同年 3 月上旬から同月下旬までの間、複数回にわたり、同研究
室において、自己が作成に関与した同年の司法試験論文式試験公法系科目第 1
問を教示した」というものです。元教授は、本学に提出した「お詫び」と題す
る書面において、<u>解答の作成方法を指導した</u>と述べておりますので、本件が解
答方法をも指導した深刻な漏えいであったと判断しました。元教授は当該修了
生一人に問題の漏えいをしたと述べているところ、ほかに漏えいを疑わせる証
跡はありませんでした。」(下線は筆者)

　また、「本件については、当時の受講生に対するヒアリングや受講生から提
出された講義ノート等によって、次のような事実が明らかとなりました。元教
授は、司法試験短答式試験及び予備試験短答式試験の実施日(2015(平成 27)年
5 月 17 日)の二日前に当たる同月 15 日の 3 時限(午後 1 時〜午後 2 時 30 分)の
必修科目「憲法(人権)」(1 年次配当)の授業において、受講生 23 人に対し、「憲
法 29 条 3 項に関わる収用というのは、<u>今年の司法試験の短答式に出していて、
私のテキストにも書いてある</u>」旨の発言をしました。平成 27 年司法試験短答
式問題第 9 問及び予備試験短答式問題第 5 問の収用に関わるテーマについては、
元教授の「憲法」(尚学社・2015 年)215 頁に記載があり、その箇所を読めば容
易に解答できる設問となっていました。しかし、<u>受講生の中で平成 27 年司法
試験を受験した者はいない</u>ことを確認しております。また、受講生に対するヒ
アリングやアンケート等の結果に照らし、<u>当該授業の受講生から平成 27 年司
法試験及び予備試験短答式試験の受験者に元教授の発言が伝わった</u>ことはな

かったと判断しました。」(下線は筆者)

このように社会的に重要な試験制度では、試験問題の機密保護が重要であることに留意する必要がある。

個人情報の流出

個人情報の流出事件も後を絶たない。勤務先から個人情報を勝手に取得して目的外に利用しようとした事件も頻発している。例えば、「小金井市にある福祉関係施設を運営する法人の元職員(62)が、市から受託した事業などに関する個人情報千人分以上を盗んだとされる問題で、市は24日、市個人情報保護条例違反の疑いで元職員を小金井署に告発した、と発表した。」(2020年1月25日、朝日新聞(朝刊))という事件がある。個人情報を市議選出馬に向けた政治活動等に用いようとしたとのことである。

また、百十四銀行の元行員が顧客情報を漏洩した事件もある。銀行の端末から顧客情報を印刷して、元同行の行員に渡した事件である。父から依頼を受けて個人情報を渡したそうである(2020年3月6日、朝日新聞(夕刊))。

情報漏洩を防止するためには、アクセス管理を適切に行うことがポイントである。アクセス管理は、業務上必要な者が、必要な時に、必要な場所から、必要な情報にだけアクセスできるようにすることが重要である。情報システムに限らず、紙の書類の管理も忘れてはならない。

5

情報の窃取・不正閲覧に関わる事件

不正車検

　トヨタおよびレクサス販売店における不正車検は、車検制度に対する信頼を失墜させる事件だといえる。トヨタ自動車は、同社ホームページで、次のように発表している（出所：https://global.toyota/jp/newsroom/corporate/36103267.html、下線は筆者）。「トヨタおよびレクサス販売店の複数店舗における一連の不正車検問題を受け、全国販売店の4,852拠点にて、指定整備に関係する法令の遵守、また会社全体の仕組み・風土を確認する自主的な総点検を、販売店とメーカー共同にて実施してまいりました。

　これら総点検などによる結果、これまで販売店11社12店舗にて不正車検が行われていたことが判明いたしました。」

　また、同ホームページで、「このような不正車検が行われた背景には、販売店の人員や設備が、仕事量の増加に追い付かないことによる負荷や、車検制度への認識、販売店の幹部と現場との風通し・風土、作業を監査する機能など、様々な課題があることが判明いたしました。

　また、メーカーとして、お客様を最前線で支えている現場の実態や要望を十分に把握できずに、入庫台数や売上などの数値目標を中心とした方針や表彰制度を展開してきたことは、メーカーの責任であり、要因の一つとなっていたのではと受け止めております。」と説明している。

　この中で、会社の風土を挙げていることは、非常に重要である。風通しの良い組織を目指すことは、不正・不祥事の防止につながること、過度な数値目標など、経営者・管理者が注意しなければならない点を挙げているので、たいへん参考になる取組みである。

第6章

法令違反に関わる事件

法令違反等の不正・不祥事も数多く発生している。法令違反は、企業の信用を失墜させる重大な問題である。法令違反としては、次に述べるようにさまざまな事件がある。

6.1　景品表示法違反

(1)　消費者庁の発表事件

消費者庁の発表を見ると、表6.1に示す事件がある。2023年3月のわずか1カ月間に3件の事件が公表されている。

(2)　商品のパッケージに関わる事件

新聞報道された事件としては、「消費者庁は6日、メロン果汁が2%程度しか使われていないミックスジュースのパッケージに「100%メロンテイスト」などと原材料の大部分を占めているかのように記載していたのは景品表示法に違反するとして、商品を販売するキリンビバレッジ（東京）に再発防止を求める措置命令を出した。」(2022年9月7日、日本経済新聞（夕刊）、下線は筆者)がある。また、この記事では、「キリンビバレッジによると、消費者から「メ

表6.1　景品表示法に基づく課徴金納付命令を受けた企業（2023年3月）

発表日	企業名	内　容
2023年 3月30日	㈱アクアガレージ	「ジュエルアップ」と称する食品及び「モテアンジュ」と称する食品について、「表示内容」欄記載のとおり表示することにより、あたかも、摂取することで、豊胸効果が得られるかのように示す表示をしていた。しかし、その根拠は確認していなかった。
2023年 3月24日	㈱シーズコーポレーション	「seeds（シーズ）糖鎖」と称する食品について、あたかも、本件商品を摂取するだけで、本件商品に含まれる糖鎖栄養素等が身体の細胞に作用することにより、疾病の治療又は予防の効果が得られるかのように示す表示をしていた。しかし、合理的な根拠資料を十分に確認していなかった。
2023年 3月2日	㈱5コーポレーション	「毎日コース（定額）」と称する個別指導に関わる役務のうち、中学1年生を対象とするものについて、あたかも、本件役務は、1時間当たりの授業料金が835円であり、また、本件役務と同等の条件で提供されている他の事業者が提供する個別指導に比して月謝が安いかのように表示していた。しかし、実際には、本件役務の1時間当たりの授業料金は1,188円であり、また、比較対照とした他の事業者が提供する個別指導の月謝は、本件役務と同等の条件で提供されている個別指導の月謝ではなかった。

出所）　https://www.caa.go.jp/policies/policy/representation/fair_labeling/release/2022/

ロン100％だと誤解した」といった問合せが複数あり、今年に入りデザインの変更を検討。4月には消費者庁からの連絡があり、同月、メロン以外の果物も入っているのが分かりやすいイラストに変えるなどした。」と述べている。この事件では、パッケージにメロンのイラストが大きく描かれていたことが消費者を誤認させるものだったとのことである。

(3) 景品発送に関わる事件

景品表示法で注意しなければならない事件として、株式会社晋遊舎の事件がある。消費者庁の「株式会社晋遊舎に対する景品表示法に基づく措置命令について」(2021年3月24日)によれば、懸賞付きパズル雑誌の商品又は賞金を「応募締切日から相当の期間内に誌面上に表示された数の当せん者に賞品等が提供されるかのように示す表示をしていた。」として、措置命令が出された事件である。実際には、「賞品等が提供されたのは、応募締切日から同表「応募締切日から発送日までの期間」欄記載の日数が経過した後であった。」としている。

同社は、2022年8月5日にも景品表示法に基づく課徴金納付命令を受けている。同様のことが繰り返されるということは、有効なチェック体制がないこと、従業員の倫理意識が希薄であることなどが考えられる。

顧客は、景品を期待して商品を購入するのだから、それを表示したとおりに提供しないということは、景品表示法に違反するというだけでなく、企業の信用を著しく失墜させるものである。企業等は、このようなことが発生しないように管理を徹底する必要がある。

景表法違反を防ぐ方法

景品表示法違反が発生しないようにする方法には、商品を販売する際に、法務部門のチェックを業務プロセスとして組み込むことがある。営業部門は、商品が売れるようにさまざまな工夫を凝らそうとするが、「売らんがために」行き過ぎた宣伝文句や商品デザインになるおそれがある。このようなことにならないように、チェックする仕組みが非常に重要になる。

経営者は、このような法務部門によるチェックの仕組み(リーガルチェック)が組み込まれ、有効に機能するように指導・監督しなければならない。また、内部監査部門を活用して、それをチェックさせる必要がある。また、景品の抽選・発送がある場合には、それが確実に実施されたかどうかに関心をもって、適正に実施される仕組みづくりを行わなければならない。

6.2　下請法違反

　「電動工具大手の工機ホールディングス（東京・港）が下請け事業者に製造原価を下回る単価で部品製造を受け入れさせていたことが、下請法が禁じる <u>「買いたたき」</u> に当たるとして、公正取引委員会は 27 日、同社に再発防止を勧告した。同社は、電動工具のホースカバーなどを下請け事業者に製造委託し、単価を 10 年以上据え置いていた。原材料価格の高騰などで原価割れしていたため、下請け事業者は 2020 年 12 月〜 21 年 1 月、見積書を同社に提出し、単価引き上げを求めた。同社は <u>段階的に価格を引き上げることを口約束した上で、依然として原価割れが生じる単価を下請け事業者に受け入れさせた。</u>　実際には単価を引き上げる計画はなく、実施もされなかったという。」(2023 年 3 月 28日、日本経済新聞(朝刊)、下線は筆者)としている。

　下請法の対象となる取引は、事業者の資本金規模と取引の内容で定義されている。物品の製造・修理委託の場合には、親事業者は、資本金 3 億円超の場合、下請事業者は資本金 3 億円以下(個人を含む)、資本金 1 千万円超 3 億円以下の場合、下請事業者は資本金 1 千万円以下となっている。この場合、親会社には、**表 6.2** に示す行為が禁止されている。工機ホールディングスは、**表 6.2** の「買いたたき」を行ったとして勧告を受けたことになる。

6.3　独占禁止法違反

　公正取引委員会は、独占禁止法について次のように説明している。

　「独占禁止法の正式名称は、「私的独占の禁止及び公正取引の確保に関する法律」です。この独占禁止法の目的は、<u>公正かつ自由な競争</u>を促進し、事業者が自主的な判断で自由に活動できるようにすることです。市場メカニズムが正しく機能していれば、事業者は、自らの創意工夫によって、より安くて優れた商品を提供して売上高を伸ばそうとしますし、消費者は、ニーズに合った商品を選択することができ、<u>事業者間の競争によって、消費者の利益が確保され</u>

表6.2 親事業者の禁止行為

禁止事項	概　要
受領拒否（第1項第1号）	注文した物品等の受領を拒むこと。
下請代金の支払遅延（第1項第2号）	下請代金を受領後60日以内に定められた支払期日までに支払わないこと。
下請代金の減額（第1項第3号）	あらかじめ定めた下請代金を減額すること。
返品（第1項第4号）	受け取った物を返品すること。
買いたたき（第1項第5号）	類似品等の価格又は市価に比べて著しく低い下請代金を不当に定めること。
購入・利用強制（第1項第6号）	親事業者が指定する物・役務を強制的に購入・利用させること。
報復措置（第1項第7号）	下請事業者が親事業者の不公正な行為を公正取引委員会又は中小企業庁に知らせたことを理由としてその下請事業者に対して、取引数量の削減・取引停止等の不利益な取扱いをすること。
有償支給原材料等の対価の早期決済（第2項第1号）	有償で支給した原材料等の対価を、当該原材料等を用いた給付に関わる下請代金の支払期日より早い時期に相殺したり支払わせたりすること。
割引困難な手形の交付（第2項第2号）	一般の金融機関で割引を受けることが困難であると認められる手形を交付すること。
不当な経済上の利益の提供要請（第2項第3号）	下請事業者から金銭、労務の提供等をさせること。
不当な給付内容の変更及び不当なやり直し（第2項第4号）	費用を負担せずに注文内容を変更し、又は受領後にやり直しをさせること。

出所）https://www.jftc.go.jp/shitauke/shitaukegaiyo/oyakinsi.html

ることになります。このような考え方に基づいて競争を維持・促進する政策は「競争政策」と呼ばれています。」（出所：https://www.jftc.go.jp/dk/dkgaiyo/gaiyo.html、下線は筆者）

　公正かつ自由な競争を促進するために、私的独占の禁止、不当な取引制限（カルテル）の禁止、事業者団体の規制、企業統合の規制、独占状態の規制、不公正な取引方法の禁止、下請法に基づく規制が行われている。

　独占禁止法に関わる事件は、非常に多い。公正取引委員会では、具体的な事件として、表6.3に示す事件を発表している。

表6.3　独占禁止法違反の事件

事業者 （発表年月日）	内　容
株式会社ダイコク （2023年4月6日）	<u>優越的地位の乱用</u>の疑いを改善する計画を提出し、公正取引委員会が認定した。 　ダイコクは、遅くとも令和2年3月頃以降、令和4年4月頃までの間、納入業者に対して、次の行為を行っていた。 (1)　返品 　①新型コロナウイルス感染症の流行の影響を受けて売れ残った商品等（以下「<u>売れ残り商品等</u>」という。）について当該売れ残り商品等を納入した納入業者の責めに帰すべき事由がなく、かつ、②当該売れ残り商品等の購入に当たって当該納入業者との<u>合意により返品の条件を明確に定めることなく</u>、かつ、③あらかじめ当該納入業者の同意を得ることなく又は当該納入業者の同意を得た場合であっても、当該売れ残り商品等の<u>返品によって当該納入業者に通常生ずべき損失</u>を負担することなく、かつ、④当該納入業者から当該売れ残り商品等の<u>返品を受けたい旨の申出がないにもかかわらず</u>、当該売れ残り商品等を返品していた（注5）。 (2)　従業員等の派遣の要請 ア　閉店等に際し、これらを実施する店舗等において、売れ残り商品等の返品に関わる作業を行わせるため、あらかじめ納入業者との間でその<u>従業員等の派遣の条件について合意することなく</u>、かつ、派遣のために<u>通常必要な費用を自社が負担することなく</u>、当該納入業者の従業員等を派遣させていた（注5）。 イ　新規開店又は改装に際し、これらを実施する店舗において、納入業者が納入する商品以外の商品を含む当該店舗の<u>商品の陳列等の作業</u>を行わせるため、あらかじめ当該納入業者との間でその<u>従業員等の派遣</u>の条件について合意することなく、かつ、派遣のために<u>通常必要な費用を自社が負担することなく</u>、当該納入業者の従業員等を派遣させていた。 （注5）　ダイコクは、納入業者に対して、閉店店舗において返品に関わる作業を行わせるため当該納入業者の従業員等を派遣させて当該納入業者が納入した商品を返品していたほか、自社の物流センター及び営業を継続する店舗においても返品に関わる作業を行わせるため当該納入業者の従業員等を派遣させて当該納入業者が納入した商品を返品していた。

表6.3　つづき1

事業者 （発表年月日）	内　　容
旧一般電気事業者 ら （2023年3月30日）	旧一般電気事業者(注1)ら(中部電力株式会社、中部電力ミライズ株式会社、中国電力株式会社、九州電力株式会社、九電みらいエナジー株式会社及び関西電力株式会社の6社。)が、独占禁止法第3条(<u>不当な取引制限の禁止</u>)の規定に違反する行為を行っていたものである。 (注1)　「旧一般電気事業者」とは、従来、電気事業法（昭和39年法律第170号）による参入規制によって自社の供給区域における電気の小売供給の独占が認められていた電力会社10社をいう。
独立行政法人国立病院機構が発注する九州エリアに所在する病院が調達する医薬品の入札参加業者ら （2023年3月24日）	独占禁止法第3条(<u>不当な取引制限の禁止</u>)の規定に違反する行為 　アステム、翔薬、九州東邦、富田薬品、アルフレッサ及びアトルの6社(以下「6社」という。)は、遅くとも平成28年6月24日以降、特定医薬品(注8)について、自社の利益を確保するため (1)ア　特定医薬品を医薬品の製造販売業者等で区分した医薬品群(以下「特定医薬品群」という。)ごとに、受注すべき者(以下「受注予定者」という。)を決定する イ　受注予定者以外の者は、受注予定者が受注できるように協力する 旨の合意の下に (2)　会合を開催するなどして ア　入札に参加していたアステム、翔薬、九州東邦、富田薬品及びアトルの5社(注9)は、それぞれの各年度の<u>受注予定比率を設定し</u>、同比率に合うよう特定医薬品群ごとに受注予定者を決定する イ　受注予定者が提示する<u>入札価格は、受注予定者が定め</u>、受注予定者以外の者は、受注予定者がその定めた価格で受注できるよう、受注予定者が連絡した価格を上回る入札価格を提示するなどして協力する ことにより、受注予定者を決定し、受注予定者が受注できるようにしていた。 　これにより、6社は、公共の利益に反して、本件医薬品の取引分野における競争を実質的に制限していた。 (注8)　「特定医薬品」とは、本件医薬品のうち、沢井製薬株式会社、東和薬品株式会社及び小林化工株式会社が供給する医薬品を対象とした医薬品群の医薬品並びに医薬品群の供給元にこれらの3社等が含まれる一部の医薬品群等の医薬品を除く医薬品をいう。 (注9)　アルフレッサは、31病院に本件医薬品を納品するため、富田薬品と提携し、本件入札について、同社に委任していた。

6

法令違反に関わる事件

表6.3　つづき2

事業者 （発表年月日）	内　容
東京2020オリンピック・パラリンピック競技大会に関するテストイベント計画立案等業務委託契約等の入札談合 （2023年2月28日）	公益財団法人東京オリンピック・パラリンピック競技大会組織委員会（以下「組織委員会」という。）が発注する東京2020オリンピック・パラリンピック競技大会に関するテストイベント計画立案等業務委託契約等の<u>入札談合事件</u>について犯則調査を行ってきたところ、独占禁止法に違反する犯罪があったと思料して、同法第74条第1項の規定に基づき、本日、<u>株式会社電通グループ等6社</u>及び同6社でテストイベント計画立案等業務委託契約等の受注等に関する業務に従事していた6名並びに組織委員会大会準備運営第一局次長等としてテストイベント計画立案等業務委託契約等の発注等に関する業務に従事していた1名を検事総長に<u>告発</u>した。

出所）　公正取引委員会ホームページ（https://www.jftc.go.jp/houdou/pressrelease/dksochi/ 2023/index.html）に基づいて作成（下線は筆者）

　これらの事件については、不正のトライアングルの視点から見ると、動機として自社が利益を得ることが挙げられる。また、機会は、企業内で、リーガルチェックが行われていないこと、組織風土（企業倫理）の問題、などが考えられる。特に営業のノルマ（目標達成）が厳しければ厳しいほど、不正を行ってでも目標を達成したくなる。正当化については、ノルマが厳しい、利益を上げなければならないといったことが考えられる。

　表6.3の事件の内、ダイコクについては、新型コロナウイルス感染症の拡大という外部からの影響も大きい点に特徴がある。ダイコクは、近畿を中心にドラッグストアを展開している企業であるが、新型コロナウイルス感染症の影響で商品が売れ残り、それを不当に返品していた事件である。

6.4　無資格工事

　パナソニック株式会社は、2021年8月31日に「第三者委員会からの調査報告書受領に関するお知らせ」を発表した。この中で、自主調査結果について、

次のように説明している。不正が広範囲にわたって行われていたことがわかる。

(1) 事件の概要

事件の概要として、次のように説明している。

「(1) 施工管理技士資格

資格判定対象の技術者数と資格数はそれぞれ合計 2,308 名、3,284 資格であり、自主調査の結果、その受験資格の有無についての判定結果は別紙（集計表）のとおりであり、実務経験に不備があると判定されたのは合計 390 名、475 資格でした。

なお、PESENG 及び PCMC において実務経験に不備があると判定された技術者数と資格数を合わせると合計 500 名、622 資格でした[2]。

(2) 監理技術者資格

資格判定対象の技術者数と資格数はそれぞれ合計 251 名、253 資格であり、自主調査の結果、その受験資格の有無についての判定結果は別紙（集計表）のとおりであり、実務経験に不備があると判定されたのは合計 13 名、13 資格でした。

なお、PESENG において実務経験に不備があると判定された技術者数と資格数を合わせると合計 38 名、38 資格でした[3]（PCMC において実務経験に不備があると判定された技術者はいませんでした。）。

(3) 営業所の専任技術者

自主調査の結果、実務経験に不備があると判定された者のうち PESENG および PCMC を除くパナソニックグループ会社の専任技術者として配置された者は合計 58 名、その者が専任技術者として配置された建設工事の種類数は合計 85 個となりました。」（下線は筆者）

なお、注については、以下のとおりである。

「2 PESENG の退職者調査による 6 名 8 資格の×判定および PCMC の退職者調査による 11 名 14 資格の×判定も含まれています。なお、合格時を基準とした場合には不備が認められないと判定された 9 名 9 資格は含まれていません。

3　PESENG の退職者調査による2名2資格の×判定も含まれています。」

(2)　事件の原因

また、調査委員会が指摘した原因として、次のように説明している。

「ア　2006 年度以前（2006 年問題前）

2006 年問題の際の報告書等に表れた原因・背景として、①<u>実務経験に関する解釈の違い</u>、②<u>実務経験承認フローの問題点</u>（従業員に対して<u>資格取得を推奨する立場にある事業部門のみで実務経験証明書をチェックおよび承認するため、いわば利益が相反する状況</u>（同証明書のチェックが甘くなるおそれがある状況）が生じていた、<u>裏付け資料を確認せずに同証明書が承認されていた</u>、<u>チェック担当者が一元化されていなかった</u>）がありました。

また、報告書等に表れていない原因・背景として、③<u>技術者不足を背景とする行き過ぎた資格取得推奨</u>、④<u>コンプライアンス意識の低さ</u>がありました。

イ　2007 年度以降（2006 年問題後）

㋐　実務経験承認フローについての問題点

パナソニックグループにおいては、2006 年問題を受けて承認フローを改正し、工事管理部門（事業部門）と建設業安全管理部門によるダブルチェック体制を整備しました。しかし、<u>実際にはダブルチェック体制が採られていない会社</u>が存在し、また、ダブルチェック体制が採られている会社においても、<u>ダブルチェック体制の形骸化</u>（実質的にチェックしていない）、<u>建設業安全管理部門の脆弱性</u>（実務経験要件に関する知識不足等）、建設業安全管理部門の工事管理部門（事業部門）に対する<u>独立性の懸念</u>が生じる会社も存在しました。

加えて、当社建安部は、同部の<u>権限・人員不足</u>もあり、パナソニックグループ各社の承認フローの運用面について監査していませんでした。（筆者注：建安部は建設業・安全管理部のこと）

㋑　不正資格取得・不適切資格取得の背景事情とそれに対するグループとし

ての対応

　パナソニックグループ各社には<u>中長期的な技術者養成計画がない会社</u>があり、当社においても、各社から同計画の有無・内容について報告をさせる体制までは採っておらず、このような計画策定の有無について<u>監査等を行わず</u>、策定のための指示・支援を十分に行っていませんでした。

　また、当社は、パナソニックグループ各社における建設業の資格取得に関する人事制度が適切なものであるかについて監視・監督を特段行っていませんでした。

　加えて、主に製造販売系のパナソニックグループ各社では、①施工を担当しない者が施工に関する知識レベルの証明や施工に関する知識の習得という自己研鑽目的で資格取得が行われたり、②設計・営業業務と施工業務の両方を行う者により資格取得が行われたりしていました。このような場合には、チェックを厳格に行い、業務内容に応じて慎重に実務経験に該当する経験であるか否かを区分して確認する体制を整える必要があるにもかかわらず、当社としてこのような体制を整えることについて指導・支援を行っていませんでした。

㈡　コンプライアンス意識の低い従業員の存在と人材教育の欠如

　パナソニックグループの会社の中には、<u>コンプライアンス意識が低い従業員</u>や、受験の手引き・申請の手引きに対する意識が低く、実務経験のチェックは会社が行うとの甘えの意識を持っている従業員も存在しました。また、当社においても、パナソニックグループ各社における教育等の実施状況について監視・監督せず、教育に対する支援の仕組みが設けられていませんでした。

㈢　建設業管理に対する監査の欠如

　当社建安部は<u>内部監査の対象とならず</u>、また、同部に対する<u>監査役監査</u>においては、<u>同部がパナソニックグループ各社に対してどのような監査を行っているか等の観点からの監査は行われていません</u>でした。このことが、当社建安部による監査が十分に効果を発揮しなかったこと（上記㈠）の遠因となっていた可

能性も否定できない状況にありました。

　㈡　2006 年問題の原因等の展開不足及びその再発防止策に不十分な点が
　　あったことによる実務経験不備問題の再発
　上記アのとおり、2006 年問題の原因・背景として、実務経験に関する解釈
の違い、技術者不足を背景とする資格取得推奨およびコンプライアンス意識の
低さがありましたが、これらの原因・背景については、パナソニックグループ
各社に対して十分に共有がされず、<u>実効性のある再発防止策が策定されません</u>
<u>でした</u>。そのため、2007 年度以降も誤った解釈による実務経験不備、技術者
不足に対応するために資格取得推奨が行われた結果としての実務経験不備、ま
た、コンプライアンス意識の低い従業員による実務経験不備が認められ、<u>2006</u>
<u>年問題の調査で判明した原因と共通</u>するところが認められました。」(下線は筆
者)としている。

解説と教訓
　引用が長くなったが、不正が行われたキーワードとして、下線を引いたの
で、この部分だけでも読んでいただきたい。コンプライアンス意識の低さ、ダ
ブルチェックが有効に行われていない、裏付け資料を確認していない、建設業
管理が行われていない、などが注目すべき点である。
　3線モデルの視点から見ると、建設業・安全管理部(第2線)が有効に機能し
ていなかったこと、また、第3線である内部監査部門が、第2線を監査対象と
していなかった点が挙げられる。
　さらに、三様監査(内部監査、外部監査、監査役監査の3種類の監査のこと)
の視点から見ると、内部監査と、監査役監査の2つの機能が不十分であった。
三様監査の残りの監査は、公認会計士監査(監査法人による監査)であるが、公
認会計士監査は、財務報告の信頼性について監査を実施するので、このような
資格の有無については監査対象としていない。

6.5 不適切な接待

不適切な接待としては、教科書会社である大日本図書株式会社の事件がある。この事件は、自治体の教科書採択関係者へ接待し、その費用を会社が負担した事件である。大日本図書株式会社は、2023年1月25日と同年2月16日に特別調査委員会の調査報告書を公表している。

(1) 事件の概要

2023年1月25日の調査報告書(p.4)によれば、「大日本図書は、教科書採択に当たり便宜を受けた見返りに、同社の役職員らが<u>藤井寺市立学校教科用図書選定委員</u>を兼務していた藤井寺市立中学校の元校長に対して<u>現金を贈与</u>するなどした疑いがある事案(以下「藤井寺事案」という。)の存在を把握し、2022年9月16日、文部科学省に対して、その旨を報告した。

当該事案については、同年11月2日、報道機関により、当該元校長が<u>加重収賄容疑</u>で書類送検されるとともに、大日本図書の元役員及び社員が贈賄容疑で書類送検された旨が報道された。」と述べている。もう一つの事案として、「大日本図書は、同社の役職員らが同年7月1日に五霞町教育長らと会食し、<u>飲食代を全額支払うなどの接待</u>をした疑いがある事案(以下「五霞町事案」という。)の存在を把握し、同年9月20日、文部科学省に対して、その旨を報告した。」(下線は筆者)という事案である。

(2) 対策

調査の結果、「五霞町事案及び藤井寺事案については、後記のとおり、<u>行動規範に違反する不適切な行為</u>が行われたと評価せざるを得ない。」(調査報告書、p.7。下線は筆者)としている。

行動規範とは、教科書協会が策定した「教科書発行者行動規範」のことであり、「採択関係者に対する不当な利益供与」等を禁止している(出所：https://textbook-rc.or.jp/wp-content/uploads/2022/06/9b3a91b473eac329d035b58b36

6fc585.pdf）。

　2 月 16 日の調査報告書は、1 月 25 日の調査報告書の内容について追加調査を行った結果を報告したものである。具体的には、「京都市の現職の指導主事や小中学校の教諭といった採択関係者らと、大日本図書の費用負担の下で会食を行っており、行動規範に違反する不適切な行為があったことは明らかである。」（調査報告書、p.7）と指摘している。

　調査結果を受けて、大日本図書は、ホームページで、次のような見直しを行う旨公表している（出所：https://www.dainippon-tosho.co.jp/news/2023/0126_compliance.html）。

　「1　社内ガバナンス体制の強化

　今回の不祥事の検証結果を踏まえ、社内のガバナンス体制を再構築します。新たな体制においては、教育行政や教科書採択に関するコンプライアンスにも通じた有識者からの指導、助言を受けるなど社外からのチェック機能を備えます。また、「コンプライアンス委員会」の権限と機能を強化し、定期的な活動と取締役会への報告を求めます。

2　コンプライアンス徹底のための全社的な意識改革

　不適切な行為を見逃さない組織とするために、全社員のコンプライアンス意識を改革します。そのうえで、特に教科書営業に関しては、当社における業務に即した「行動規範細則」を策定し、これを遵守することを業務における前提として徹底します。また、不正行為に対しては厳正な処分を行います。

3　社内の危機管理体制の見直し

　社内に新たに内部監査の機能をもつ組織を設け、その担当者が各部署の経理処理を確認するなどして、不適切な支出が行われることがないよう監査します。また、行動規範の遵守に特化した情報提供窓口を設け、窓口を外部に委嘱するなどして、社内情報の収集を図ります。」（下線は筆者）

　なお、2023 年 4 月 15 日発表（出所：https://www.dainippon-tosho.co.jp/news/2023/0414_compliance.html）を見ると、「新たに内部監査の機能をもつ組織」についての記載がなくなっていることが気になる。

解説と教訓

コンプライアンスの確保は、内部統制でいう「統制環境」のことであるが、統制環境を整備することはなかなか難しいのが現状である。コンプライアンスの確保を確実に行うためには、まず、経営トップが率先垂範することが大切である。社長が日頃からコンプライアンス確保について繰り返し徹底する必要がある。また、幹部や管理職はそれを受けて、組織の末端まで徹底するようにしなければならない。

この事件を受けて、同社ホームページで、「3月28日付で、文部科学省から弊社に対する処分について、「教科用図書検定規則第7条第2項の規定に基づき令和5年度において教科用図書の検定審査不合格の対象とする図書の種目として中学校用教科用図書の数学及び理科、保健体育とする」旨の通知を受け取りましたのでお知らせします。」（出所：https://www.dainippon-tosho.co.jp/news/2023/0330_compliance.html）と発表した。コンプライアンス違反が事業活動に大きな悪影響を及ぼすことがわかるので、このような事件を他山の石として自社のコンプライアンス強化に活かすとよい。

6.6　専門職の不正

専門職には、スキルを維持向上させるための継続教育の制度がある。CIA（公認内部監査人）、CISA（公認情報システム監査人）などの海外資格では古くから継続教育制度があり、毎年一定時間以上の教育を受ける必要がある。

企業等の財務諸表の正確性・信頼性を監査する公認会計士にも同様の制度がある。日本公認会計士協会のウェブサイトでは、次のように説明している。

「公認会計士としての使命及び職責を全うし、監査業務等の質的向上を図るために、日本公認会計士協会（以下「協会」という。）は、会員に対して研修の履修を義務付けており、この研修のことを継続的専門研修（CPE=Continuing Professional Education 以下「CPE」という。）と言います。

CPE は、会員が行う自己研鑽を協会が支援するという形で、1998年4月か

6

法令違反に関わる事件

ら任意参加でスタートし、2002年からは協会の自主規制として会員に対して義務化し、2004年4月からは公認会計士法第28条において法定義務化されております。

　また、2006年度から、職業倫理と監査の品質管理の重要性を徹底させるために、全ての会員に「職業倫理に関する研修」を、法定監査業務に従事する会員には更に「監査の品質管理に関する研修」(2013年度からは「監査の品質及び不正リスク対応に関する研修」に研修科目名称変更)をそれぞれ必須化しました。」(出所：https://jicpa.or.jp/cpainfo/introduction/organization/cpe/、下線は筆者)

　この継続教育に関わる事件も発生している。日本公認会計士協会の会長声明(出所：https://jicpa.or.jp/specialized_field/files/0-99-0-0-20210812.pdf、2021年8月12日)によれば、eラーニング研修の二重受講が判明したことを契機として、受講記録を調査した結果、個人会員93名、2会員監査法人に対して超過処分を行うことになったと説明している。報道によれば、2つの講座を同時にログインして受講したと偽って単位認定を受けた事件である(出所：https://www.asahi.com/articles/ASN976VDMN97ULZU00H.html)。事件の発端は、内部告発だそうである。

　なお、同様の事件は、大学生のオンデマンド授業の受講でも発生している。早稲田大学商学部の学生が、複数の授業動画を同時に受講し、単位認定されなかったという事件があった。受講生250〜300人近くの内、100人ほどが単位認定されないことになった(出所：https://www.j-cast.com/2022/02/15431092.html?p=all)。

解説と教訓

　この事件の特徴は、デジタル化時代に特有の不正・不祥事だといえる。特に新型コロナウイルスの影響もあってテレワークやオンライン授業が広く普及した結果、同時受講という不正が発生した。対面教育や対面授業の時代には考えられなかった不正だといえよう。

第7章
権限の乱用に関わる事件

　権限の乱用に関する不正・不祥事の事件もある（**図7.1**）。ここでは、楽天モバイル事件と日本大学事件を例に挙げて説明する。権限の乱用は、個人の利益のために行われることが少なくない。個人的な経費を企業等の費用として支出させたり、自身が設立した企業に業務を委託して、利益を上げたりする事件がある。このほかに、パワーハラスメントのように部下のいじめを行うケースがある。

　権限を有する者は、一般の者に比べてより高い倫理観をもって権限を執行することが求められる。

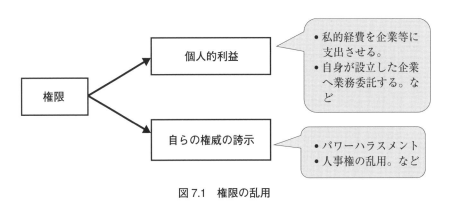

図7.1　権限の乱用

7.1　楽天モバイル事件

楽天モバイル株式会社のプレスリリース(2023 年 3 月 3 日、https://corp.mobile.rakuten.co.jp/news/press/2023/0303_01/)によれば、「元従業員および社外の複数の関係者は共謀のうえ、当社が委託した<u>資材の保管や運送に係わる業務</u>において<u>費用</u>を<u>水増し</u>し、当社に請求することで不正に利益を得ていました。」(下線は筆者)と説明している。また、「本件については、2019 年 7 月頃から 2022 年 7 月頃までの間、当社の<u>元従業員</u>および複数の<u>取引先</u>が共謀し、<u>費用の水増しや虚偽の報告</u>をはじめとした様々な手法を用いて当社に対する<u>多額の不正請求</u>を行い、金銭的利益を得たうえでその一部を元従業員および社外の複数の関係者に還元していたことが社内調査により判明しています。」(下線は筆者)と述べている。

さらに、報道では、「警視庁は 5 日、携帯電話の基地局整備を巡る<u>業務委託費を水増し請求</u>し、楽天モバイルから約 24 億円を詐取したとして、同社<u>元物流管理部長、佐藤友紀被告(46)ら 3 人</u>＝詐欺罪で起訴＝を詐欺容疑で再逮捕した。」、「捜査関係者によると、佐藤容疑者は楽天モバイルに在籍時、取引内容をチェックする<u>「検収」の責任者</u>だった。警視庁は佐藤容疑者が主導し、不正請求を繰り返していたとみて調べている」、「楽天モバイルと日本ロジステックの取引は 2019 ～ 21 年に約 300 億円あったといい、このうち 100 億円近くが水増し請求だった可能性がある。」、「3 人の再逮捕容疑は、21 年 8 月、日本ロジステックに委託された業務に関し<u>部材を輸送する車のチャーター費や保管費を約 9 億円水増し</u>して楽天モバイルに請求し、計約 24 億円を同社からだまし取った疑い。」(下線は筆者。2023 年 4 月 5 日、日本経済新聞(夕刊))としている。

また、別の報道では、「関係者によると、約 300 億円に上るとされる不正のきっかけは、佐藤容疑者が 2018 年 7 月に楽天グループに入り「楽天市場」の物流業務に携わるようになったことだった。その当時、<u>物流会社「TRAIL」</u>(東京都港区)社長の浜中治容疑者(49)と知り合い、商品輸送用のトラックを融通してもらうなど頼るようになったという。」、「楽天市場での経験や実績が評価

され、佐藤容疑者は 19 年 4 月ごろからは楽天モバイルが整備する基地局の部材の物流も担当するようになった。そして同年 7 月、<u>それまで業務委託契約を結んでいた会社から</u>、三橋一成容疑者(53)が常務を務める<u>日本ロジステックに契約を切り替えた</u>。この契約先変更は、日本ロジと関係が深かった浜中容疑者と佐藤容疑者が画策したとされ、<u>日本ロジの下請けに TRAIL が入る構図ができた。</u>」(2023 年 4 月 5 日、朝日新聞(夕刊)。下線は筆者)としている。「楽天モバイルの<u>内部調査</u>によって昨年夏に一連の不正疑惑が発覚。TRAIL は今年 3 月、東京地裁から破産手続の開始決定を受けた。」(2023 年 4 月 5 日、朝日新聞(夕刊)。下線は筆者)

なお、日本ロジステックは、2022 年 8 月 30 日に民事再生法の適用を申請し、同日に保留・監督命令を受けた(2022 年 8 月 31 日、日本経済新聞)。

解説と教訓

楽天モバイル事件は、業務委託費用の水増しという古典的なテクニックで行われた。費用の水増しは、単独犯では実行できない不正のスキームである。そこで、取引先と癒着して不正が行われたのであるが、共謀する相手も、当該企業の幹部であり、一定の権限をもつ者でなければこのような不正を行うことはできない。購買業務の不正・不祥事は、**図 7.2** に示すように購買業務プロセスの視点から考えるとよい。

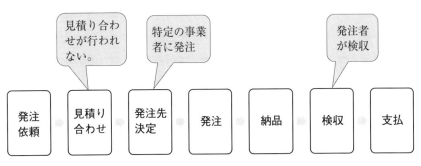

図 7.2　購買業務プロセスから見た問題点

　もう一つの原因は、職務の分離が行われていなかったことである。職務の分離は、業務の委託（発注）という業務と、納品検収が分離されていなかったことが原因である。不正を起こした者が、物流管理部長という両方の権限を有する者であったことである。また、自らが発注業務を行うとは考えられないので、部長の指示を受けて発注業務や納品検収業務が行われていなかったのではないかと考えられる。

　加えて、業務の委託先の選定が適切に行われていなかったことも大きな原因である。委託先の選定が公正に行われていれば、不正を起こす元となった業務委託先への変更ができなかったのではないだろうか。

　有効な内部監査が実施されていなかったことも、不正を見逃す原因であったといえる。発注・検収業務の分離が適切に行われているか、委託先の選定が適切に行われているか、費用の増大が異常な数値になっていなかったかどうかなどをチェックする内部監査機能の不備も原因の一つだといえる。

7.2　日本大学事件

　学校法人日本大学の元理事および前理事長による不正事案に係る第三者委員会「元理事及び前理事長による不正事案に係る調査報告書」(2022 年 3 月 31 日。以下、「調査報告書」という)によれば、3 つの事件について調査を行っている。

　第 1 事件の概要は、「事業部が日大から委託を受けた日大板橋病院の建替計画事業の設計・監理業者選定に係るプロポーザル手続実施等の業務において、井ノ口氏は、あらかじめ、プロポーザル手続参加企業の 1 社である会社キを発注先に選定することを企図して、プロポーザル手続実施前の検討段階で会社キとの間で情報交換を行い、さらに、各社の提案内容が出揃った後に、他の参加業者の提案内容を会社キに教示して見積額を増額した提案書に差し替えさせるなどした。」、「また井ノ口氏は、プロポーザル手続における審査(審査委員による採点)」の結果、会社キの評価点が 2 位であることを知るや、事業部の代表取締役、従業員、日大職員らに、同社が 1 位となるように審査委員の評価点を

改ざんさせることで、会社キを最終候補業者に選定させた。」、「その後、井ノ
口氏は、会社キとの間で日大との契約金額に係る減額交渉をする中で、会社
キに対して、事業部に対する管理料の支払いを求めて応じさせた上で、最終的
に、その支払先を事業部ではなく藪本氏が実質オーナーであるインテリジェン
スとするように求め、<u>会社キからインテリジェンスに対して2億2000万円を
支払わせた</u>。」(調査報告書、p.61。下線は筆者)と事実関係の概要について述べ
ている。

　第2事件は、「事業部が医療機器7式及び電子カルテシステムを調達し、こ
れらをリース会社に売却した上で、リース会社と日大の間でリース契約を締結
することにより、板橋病院に納入するにあたり、井ノ口氏は、<u>売買差益</u>を得さ
せることを企図して、以下①及び②のとおり、<u>商流に入れる合理的必要のない
業者</u>を介在させることで、当該業者に利益を得させ、日大は、その売買差益を
含む価格に基づきリース契約を締結し、その負担するリース料が増加するこ
とになった。」、「＜①：<u>医療機器7式の調達</u>＞藪本氏が実質的経営者とされる
ニシキを商流に介在させることで、1億3860万円の売買差益を同社に得させ、
日大が負担する<u>リース料が約1億3100万円増加</u>することとなった。」、「＜②：
<u>電子カルテシステムの調達</u>＞藪本氏が実質的オーナーとされるインテリジェン
スを商流に介在させることで、6740万円の売買差益を同社に得させ、日大が
負担する<u>リース料が約6700万円増加</u>することとなった。」(調査報告書、p.81。
下線は筆者)

　第3事件は、インタビュー等の調査が実施できなかったので、公判で明ら
かになった事実関係を記載している。「令和4年2月15日の第1回公判期日
における検察官の冒頭陳述では、①井ノ口氏は、平成23年に事業部に入社し
て、事業企画部長として取引業者との契約交渉等を担当するようになった。ま
た、事業部に入社した頃に、田中氏と知り合い、それ以降、田中夫人が経営す
るちゃんこ屋に頻繁に通うなどするようになった。②このようにして、井ノ口
氏は、田中氏及びその夫人と親密な関係を築くとともに、田中氏の了承を得て
「理事長付相談役」の肩書きを使うなどして田中氏の影響力を利用し、事業部

7

権限の乱用に関わる事件

が日大から委託を受けて実施する<u>調達等における受託業者選定や契約交渉等の業務を差配</u>するようになった。③こうした関係の中、井ノ口氏は、日大関連の取引業者から受領した<u>リベート等の現金</u>を、田中夫人を介するなどして田中氏に供与していた。といった内容が読み上げられた。」(調査報告書、p.106。下線は筆者)と記述している。

　その他の事案として、不公正な調達手続を行った案件として、「意中業者に見積額を変更させる」ケース(令和2年文理学部パソコン演習室設備等の購入、平成29年生産工学部(Bブロック)清掃業務、平成30年歯学部・理工学部移転業務)、「本来受注すべき事業者の不備を探す／恣意的な評価項目の操作」のケース(平成30年日大会館設備業務)、「入札・プロポーザルを実施しない／相見積りも行っていない」ケース(令和3年三軒茶屋キャンパス警備業務、令和3年文理学部清掃業務)」(調査報告書、pp.112-114)を指摘している。

　また、「必要のないと思われる関連業者が商流に加えられた案件」として、板橋病院の病室(無差額室及び差額室)の備品レンタル契約、日大2病院における医薬品の調達を挙げている。さらに、「事業部の私物化行為と見られる案件」として、理事長等就任等祝いの要請、化粧まわしのための寄付や団体ウの活動協力費の要請、賃貸マンションの私的利用、田中夫人の親族及び世話係の雇用などの不適切な案件を挙げている(調査報告書、p.115。pp.120-123)。

解説と教訓

　この事件の問題点は、組織を私物化したことだといえる。それによって、定められた手続ではなく、勝手に手続を変えて、調達を行ってしまったことである。手続、つまりコントロールがあってもそれが遵守されなければ、リスクが顕在化してしまうことになる。そこで、手続を確実に実施することが重要になる。また、コントロールの実施状況を点検するためのモニタリングが重要な意味をもつことになる。

　モニタリング機能の重要な機能である監事監査(学校法人の場合には、監査役ではなく監事がその機能を担っている)も十分に機能していなかったことも

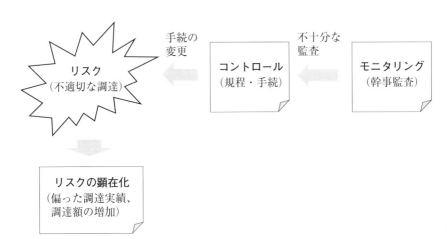

図 7.3　コントロール、モニタリングの不備

大きな原因になっている。このような不正・不祥事の発生を防止するためには、理事会や監事の力が必要になり、そのための制度や組織改革が必要になる（**図 7.3**）。

パワーハラスメント

　パワーハラスメントに関わる事件も後を絶たない。日本経済新聞によれば、「2010 年に自殺したトヨタ自動車の男性社員（当時 40）の妻（50）＝愛知県豊田市＝が、労災を認めなかった豊田労働基準監督署の処分取り消しを国に求めた訴訟の控訴審判決で、名古屋高裁は 16 日、上司によるパワーハラスメントや、業務とうつ病発症の因果関係を認定、請求を棄却した一審判決を取り消し、労災を認めた。〈中略〉裁判長は、男性が業務進捗の報告などをするたびに上司 2 人から大声で叱責されたことを、「社会通念に照らし、許容される範囲を超える精神的攻撃」と判断し、同様の行為が続き心理的負荷は強かったとしてパワハラを認めた。

　また、男性の業務が客観的にみて「精神障害を発病させる程度に強度のある心理的負荷を受けていた」と認定、「発病との間に因果関係があると認めるのが相当だ」と指摘した。」（出所：https://www.nikkei.com/article/DGXZQOUE166N10W1A910C2000000/）という事件がある。これを受けてトヨタ自動車は、声を出しやすい職場づくりに向けた取り組み、パワーハラスメントに対する厳格な姿勢を就業規則に反映、異動時における評価情報の引継ぎの強化、マネジメントに対するパワーハラスメントの意識啓発、休務者の職場復職プロセスの見直しに取り組んでいる（出所：https://global.toyota/jp/newsroom/corporate/35407637.html）。

　このほかにも、「吉野家の本社に勤務する 50 代男性が、上司から人事評価を改ざんされ、同僚からパワハラをうけたと主張していた問題で、吉野家は事実を認めて男性に謝罪し、解決金を支払った。」（出所：https://www.businessinsider.jp/post-269886）という事件がある。

　パワーハラスメントは、企業の社会的な信用を失墜することになり、社員のモチベーションの低下にもつながるので、企業風土の改善に努めるようにしなければならない。企業文化は、社員に対する人事評価と関係が深いので、経営者や管理者は、自らの発言に気をつけて部下の指導・育成を行うことが重要である。

第8章

監査と不正調査

　不正・不祥事が発生すると必ずと言ってよいほど「内部監査を強化する」といった改善策がとられる。それでは、内部監査で不正を防止できるのか、不正調査と内部監査の相違点は何かについて検討する。

8.1　外部監査と不正・不祥事

　公認会計士法第1条によれば、「公認会計士は、監査及び会計の専門家として、独立した立場において、<u>財務書類その他の財務に関する情報の信頼性</u>を確保することにより、会社等の公正な事業活動、投資者及び債権者の保護等を図り、もつて国民経済の健全な発展に寄与することを使命とする。」（下線は筆者）としている。つまり、公認会計士は、財務に関する情報の信頼性を確保することが使命である。したがって、公認会計士が対象とする不正・不祥事は、財務情報に関わるものが対象になる。

　公認会計士監査で問題になる不正・不祥事は、**図8.1**に示すように整理できる。会計事象（売上・仕入・人件費・経費の計上など）に関わる不正・不祥事は、架空売上の計上、不正な仕入、金銭・金券等の窃取、私的利用などの不正・不祥事である。また、財務諸表の作成に関わる不正・不祥事は、財務諸表の作成

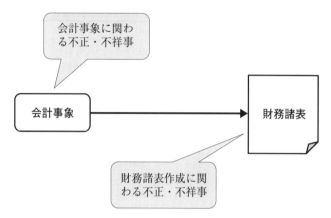

図 8.1　公認会計士監査が対象とする不正・不祥事

段階で行われる粉飾決算や作成ミスのことなどであり、非財務情報の虚偽記載などの不正・不祥事も含まれる。

　つまり、公認会計士監査では、財務情報に関わるもので信頼性を阻害する不正・不祥事については、監査の対象にしないということである。例えば、企業の Web サイトで公表している財務情報以外の情報(商品説明やアクセスマップなど)に誤りがあっても不正・不祥事としては取り上げないということである。

　さらに、従業員の少額の使い込みについては、財務報告上の重要度が低いので、監査報告において、不適正意見の表明までに至らない点に特徴がある。

8.2　内部監査と不正・不祥事

　内部監査は、企業におけるさまざまな業務を対象にして監査を実施する。内部監査には、図 8.2 に示すようにさまざまな種類の監査が行われている。

　例えば、一般社団法人日本内部監査協会『第 65 回内部監査実施状況調査結果』を見ると、内部監査の対象業務は、図 8.3 に示すように広範にわたっていることがわかる。図中の％は、回答があった企業の内、当該業務の監査を実施

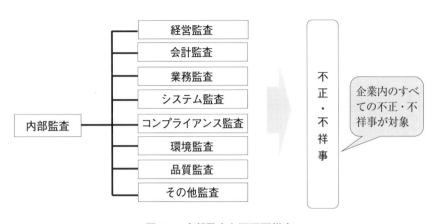

図 8.2　内部監査と不正不祥事

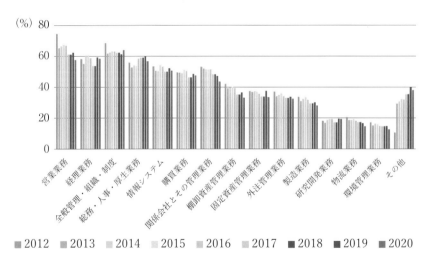

出所）　一般社団法人日本内部監査協会『第 65 回内部監査実施状況調査結果 − 2020 年度（2020 年 4 月〜 2021 年 3 月）における各社の内部監査テーマ・要点集』に基づいて作成

図 8.3　内部監査での対象業務

している企業の比率である。営業業務、経理業務、全般管理・組織・制度、総務・人事・厚生業務、情報システム、購買業務の実施比率が上位になっている。

9年間を通じてみても全体の傾向はほとんど変わらないことがわかる。同調査では、コンプライアンスを監査対象業務として調査していないので、実施状況が不明であるが、営業業務などの各監査対象領域で実施されている具体的な監査テーマを見ると、その中にコンプライアンスに関するテーマが含まれていることがわかる。

つまり、内部監査では、さまざまな業務で発生する可能性がある不正・不祥事も監査対象としている点に特徴がある。

8.3　監査の限界

監査は、外部監査、内部監査に限らず監査対象業務について、その業務プロセスや実施体制を点検・評価するものである（図8.4）。つまり、監査は、「仕組みの保証」であり、「結果の保証」ではない。そこで、業務プロセスが不正・不祥事の防止に有効なものであっても、その業務プロセスが遵守されない可能性がある。

また、監査は、監査を実施した時点での業務プロセスや実施体制の適否を点検・評価するので、監査実施時点から時間が経ち社内外の状況変化によって業務プロセスが不正・不祥事に対応したものではなくなっているかもしれない。

ところで、監査は業務の適切性を点検・評価するものであるのに対して、不正・不祥事の調査や不正・不祥事を防止するための不正調査とはその目的が異

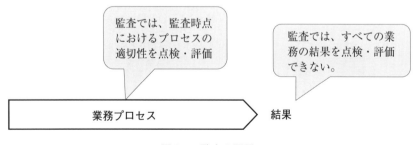

図8.4　監査の限界

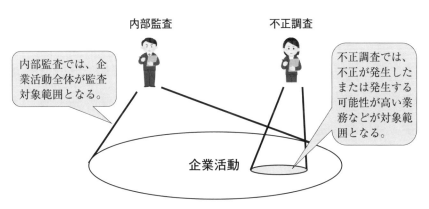

内部監査

不正調査

内部監査では、企業活動全体が監査対象範囲となる。

不正調査では、不正が発生したまたは発生する可能性が高い業務などが対象範囲となる。

企業活動

図 8.5　内部監査と不正調査の対象領域の違い

なる。不正・不祥事の調査は、調査対象が金銭、金券、リベート、有価物などの領域や、労働基準法、独占禁止法、景品表示法などの法令遵守に関わる領域が対象範囲であり、内部監査のように企業等の各種業務全般を対象にしたものではない点に特徴がある（図 8.5）。したがって、内部監査で不正・不祥事に関わる監査だけを実施しようとすると、内部監査で監査すべき業務について監査を十分に実施できないおそれがある。

8.4　不正調査の進め方

(1)　不正リスク評価の意義

リスク評価は、リスクマネジメントや監査で用いられる行為である。監査資源（監査人の人数、監査期間など）には限りがあるので、監査資源投入の優先順位付けを行うためにリスク評価を行う。また、リスクマネジメントでは、リスクの洗い出しを実施し、洗い出したリスクの大きさを評価して、それに基づいてリスク対策を講じる。リスクが大きい場合には、十分な対策を講じることになり、リスクが小さい場合には、簡易な対策を講じることになる。

いずれにしても、リスク評価は、限られた経営資源（人・モノ・金・情報）を有効に配分して、発生するリスクを低減するために実施する。リスク対策につ

8

監査と不正調査

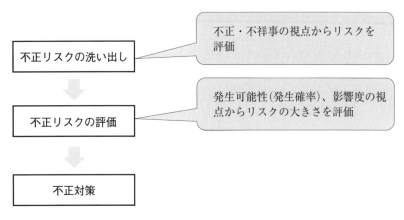

図 8.6　不正リスク評価の意義

いても、費用対効果を考えて構築することが重要である。

　不正リスクの評価も、以上述べてきた考え方と同様である。リスクを広く捉えるのではなく、不正・不祥事のリスクに限定している点が異なるだけである（図 8.6）

(2)　不正リスク評価の対象

　不正リスクを評価する場合には、評価対象を明確にする必要がある。不正・不祥事の種類については、**1.4 節**で説明したが、これをベースにして不正・不祥事リストを作成するとよい。このリストに基づいて、業務プロセスを点検し、リストアップする。これがリスク評価の対象になるリスクになる（**図 8.7**）。

　業務プロセスは、業務マニュアルをベースにして作成する。業務マニュアルが整備されていない場合には、業務プロセスの管理者・担当者から話を聞きながら業務プロセスを図にするとよい。その際に、どのような点に注意して業務を遂行しているか、問題になった事例はないか、などについても確かめるとよい。

　なお、内部監査では、現在・過去だけを点検・評価するだけでなく、将来を見据えて点検・評価することが重要である。その意味で、今後、新たに始める

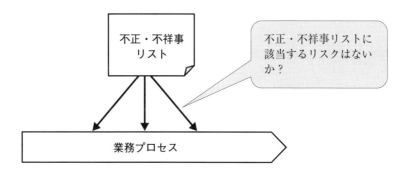

図 8.7　業務プロセス視点の不正リスク評価

事業活動について、業務プロセスの検討段階で不正リスクを評価することも忘れてはならない。すでに実施されている業務プロセスに関する不正リスクの評価をしているだけでは、どうしても後追いのリスク評価になってしまう。そこで、新たな事業を開始する前に、不正リスクを評価して、必要な対策を講じておくことが重要である。つまり、「転ばぬ先の杖」となるように不正リスクを評価するとよい。

　不正リスクの高い業務プロセスには、例えば、次のようなプロセスが挙げられる。

① 営業プロセス

　営業プロセスでは、架空売上のリスクが考えられる。また、営業において談合などのリスクも発生する。また、不正な値引きや返品のリスクもある。不正リスクといってもさまざまなので、どのような視点から不正リスクを評価するのか検討する必要がある。例えば、売上計上など会計処理に関する不正、売上目標や利益目標の達成に関わる不正、下請法に抵触するリスク(商品陳列を無償で下請け事業者に手伝わせるなど)といったことが考えられる。

　営業では、顧客との契約書で収入印紙や郵送用の切手を購入することがある。収入印紙や切手などの金券を扱う場合には、不正リスクがある。

② 購買プロセス

　購買プロセスでは、購入先と共謀して不当に高い価格で調達を行ったり、特

8

監査と不正調査

定の取引先から賄賂等を受け取って当該取引先に有利になるように調達を行ったりするリスクがある。

③　**支払プロセス**

支払プロセスでは、不正な支払先に支払いを行うリスクがある。ファームバンキングが普及しているので、ユーザーID、パスワードなどを不正に用いて自分自身の口座に振込みを行うリスクがある。

④　**勤怠管理プロセス**

勤怠管理プロセスでは、サービス残業などの不正リスクがある。残業や休日勤務などに対して適正な対価を支払わないリスクがある。また、「カラ出張」等のリスクもある。管理者が意図的に残業時間を書き換える事件も発生している。

⑤　**会計プロセス**

会計プロセスでは、会計処理が適正に行われないリスク、つまり、計上科目の不正（資本的支出で計上すべき取引を修繕費で計上、交際費で計上すべき取引を会議費や広告宣伝費で計上など）、計上時期の不正（翌年度に計上すべき費用を今年度に計上、今年度に計上すべき売上を翌年度に計上など）などがある。

⑥　**不要品売却プロセス**

不要品売却プロセスでは、有価物について著しく安い価格で事業者に売却して事業者からキックバックを受け取るリスクがある。類似の事例として工場等のスクラップの廃棄処分での不正もある。不要品やスクラップは、管理者の関心が薄れている領域なので、メーカーなど業種によっては注意が必要である。

(3)　**不正リスク評価における留意点**

不正リスクの大きさは、不正リスクの発生可能性と影響度によって算出されるが、リスクマネジメントや内部監査計画の策定などで行われるリスク評価と異なる点に留意しなければならない。不正は、企業等にとって重大な問題なので、単純に金額が少ないから影響度が小さいと評価してはならない。不正の種類によっては、企業の社会的な信頼の失墜につながりかねないので、それを勘

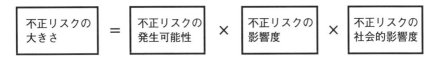

図 8.8 不正リスク評価の考え方

案したリスク評価を実施しなければならない(図8.8)。

社会的な影響度が大きいリスクは、コンプライアンスに関わる不正、食品などの品質に関わる不正が考えられる。自社の事業特性を十分考慮して不正リスクの評価を行うことが大切である。

(4) 内部監査と不正調査の違い

不正・不祥事が発生すると第三者委員会報告書などで、内部監査の強化が提案されることが少なくない。しかし、本来の内部監査は、企業等の経営改善、業務改善を目的として実施される監査である。不正を発見することが内部監査の目的ではない点に注意する必要がある。

内部監査と不正調査の違いは、前掲の図8.5 に示したように監査対象領域に大きな違いがある。しかし、内部監査が不正防止に役立たないという意味ではない。内部監査のフレームワークは、リスクに対するコントロール(対策)が有効に機能しているかどうかという視点で監査するものである。

(5) デジタルフォレンジック

デジタルフォレンジックは、不正調査の過程でよく用いられる調査手法である。デジタルフォレンジックのフォレンジック(forensics)には、犯罪捜査における鑑識という意味があるので、デジタル技術に関わる鑑識と理解すればよい。

不正調査では、関係者のパソコンを入手してどのような操作が行われたか、メールサーバーのデータを入手してどのようなメールの送受信があったか、どのデータベースにどのようなアクセスが行われたか、といったことを調査す

8

監査と不正調査

る。そのためには、デジタルデータを入手して、解析する必要がある。

　パソコンの操作ログを分析する場合には、入手したパソコンを調査担当者が自ら操作して操作ログを解析しようとすると、調査のために実施した操作ログが記録されてしまう。試行錯誤で操作を繰り返すと、何が正しい操作ログかがわからなくなってしまう。

　そこで、デジタルフォレンジックの専門家が専用ツールを利用して操作ログを解析する必要がある。このツールでは、入手したパソコンに操作ログ（データの読み込みをしたことのログも残ってしまう）を残さないようにして当該パソコンの操作ログを解析用のパソコンに取り込んで調査を行うことができる。

　不正調査のためにパソコン等を解析する場合には、自社で行おうとしないで専門家に任せる必要がある。不正調査等を行う可能性がある部門（内部監査部門やIT部門など）は、専門の事業者に関する情報を把握しておき、いざというときに速やかに連絡をとってサポートしてもらえる体制にしておくとよい。

　なお、デジタルフォレンジックを実施できるようにするためには、不正・不祥事の調査に必要なログを残しておく必要がある。日頃からどのようなログが必要か検討し、整備しておくとよい。ただし、ログの取得にはコストがかかることも忘れてはならない。ログ分析用の仕組みも含めて、不正リスクを評価した上でログの必要性を検討する必要がある。

第9章

不正リスク対策

不正・不祥事のメカニズムやさまざまな事件について説明してきたが、不正はどのように防げばよいのだろうか。ここでは、不正リスク対策について説明する。

9.1　不正リスクのある領域が対象

不正リスク対策は、不正リスクが発生しやすい領域を対象にして構築することになる。不正リスクが小さい場合には、簡易な対策を講じればよいし、リスクが大きい場合には、厳重なリスク対策を講じる必要がある。リスクの大きな領域は、現金、金券、貴重品、重要書類、サーバーなどの情報機器等が挙げられる。

入退管理システムを例に挙げると、重要なエリアへの入出は、**図9.1** に示すように、前室を設けて扉を二重にしている場合がある。最初の扉を開けて、前室エリアに人を通して、最初の扉を閉める。入館（室）権限のある者かどうかを確認してから、2番目の扉を開くというように入館（室）を管理する。「共連れ」（権限のある人と一緒に入館（室）する不正）を防止するためには、このような対応をとれば有効である。また、回転扉になっていて、一度に一人しか通過でき

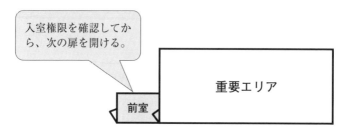

図9.1　二重扉による重要エリアへの侵入防止策

ないようにする対策もある。この際には、体重をチェックして、1人かどうかを確認する。

　なお、入退管理では、入館(室)だけをチェックするのではなく、退出も同様のチェックをする。このようなチェックを行えば、館(室)内に何人いるかを把握できるので、防災など安全管理上も有効である。

9.2　予防・発見・回復対策

　不正リスク対策は、一般的なリスク対策と同様にリスクの未然防止(予防対策)、リスク発生時の迅速な発見(発見対策)、リスク発生後の影響度(損失)を速やかに回復するための対策(回復対策)の視点から構築する。リスク発生後には、二次被害の防止も含む。

　予防、発見、回復の各対策は、時間軸から見た対策である。不正リスクについて予防対策だけに偏った対策を講じていると、リスクが発生したときにそれを速やかに発見できず、被害が拡大するおそれがある。また、不正リスクによる損失を速やかに回復できないことになる。

　① 予防対策

　例えば、ファームバンキングにおける不正を防ぐために、例えば次のような対策を講じる。

　•アクセス管理(アクセス権限の付与、ユーザーID、パスワード、生体認

証、多要素認証など)
- 複数者による入力時の内容確認
- 単独作業の禁止
- 監視カメラの設置

② **発見対策**

ファームバンキングの場合には、例えば管理者による次のようなチェックが考えられる。

- 振込内容のチェック
- 口座残高のチェック

③ **回復対策**

ファームバンキングの場合には、例えば次のような対策が考えられる。

- 不正を起こした者に対する損害賠償請求
- 不正振込などによって迷惑をかけた支払先に対する謝罪
- プレス発表(態勢、手順など)
- 不正を起こした者に対する懲戒処分

9.3　管理的・物理的・技術的対策

管理的対策、物理的対策、技術的対策は、対策の種類による分類である。

(1)　管理的対策

管理的対策は、人間による対策である。例えば、**図9.2** に示すように不正リ

図9.2　リスク対策の組合せによる不正リスクの低減

右側欄外：

9

不正リスク対策

スクを低減するためには、複数者による作業が重要である。不正は、単独作業を実施している場合にそのリスクが高くなる。また、管理者によるチェックが行われていなければ、さらにリスクが高くなる。

　管理的対策は、人間がチェックするものなので、不正を見落とすリスクをゼロにはできない。そこで、複数の対策を組み合わせることによって、不正リスクの低減を図るとよい。

（2）　物理的対策

　物理的対策は、貴重品や重要情報を物理的な方法で保護する対策である。例えば、部外者による敷地内への侵入を防止するための塀の設置、倉庫や金庫室の施錠、キャビネットの施錠などの対策である。物理的対策は、不正リスクを防止するための基本的な対策といえる。

　物理的対策では、扉やキャビネットのカギ管理が重要になる。カギを誰でも利用できる場所（壁にカギを掛けておいたり、共有の引き出しなどにカギを置いていたりすること）に置いていれば、実質的に施錠されていないことになる。

　重要な情報については、物理的対策を二重三重に構築するとよい（図9.3）。なお、貴重品や機密情報などその重要度が高い場合には、特に厳重なリスク対策が必要になる。例えば、清掃作業を外部に委託しないで、限定された社員だけで行うといった工夫も必要になる。

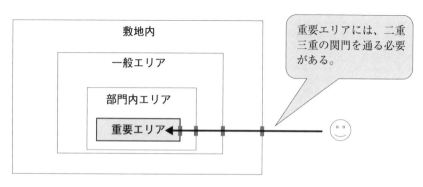

図9.3　物理的対策のイメージ

（3）　技術的対策

技術的対策は、デジタル技術などを用いた対策である。例えば、入退管理システムを設置して、セキュリティカードがなければ入館(室)できないようにしたり、機密情報や個人情報への不正アクセスを防止するためのセキュリティソフトを導入したりする方法である。デジタル技術が進展している昨今では、例えば、次のような多様な技術的対策がある。

- 入退管理システム
- 監視カメラ
- 赤外線センサー
- 人感センサー
- ガラス破壊センサー
- アクセス管理(生体認証、多要素認証を含む)
- 不正アクセス対策(ファイアウォール、ウイルス対策ソフト、侵入検知システム(IDS)、侵入防止システム(IPS)など)

このような技術的対策は、管理的対策や物理的対策を相互に補完するものとして有効な対策である。

9.4　複層的な対策

不正リスクにはさまざまなものがあり、不正を行おうとする者は対策の抜け道を探して不正を働こうとする。不正リスクに適切に対応するためには、異なる種類の不正対策を複数組み合わせて対策を講じることである。

複層的な対策のイメージは、**図9.4** に示すとおりである。不正リスクを発生前、発生時、発生後という時間軸で見た対策(予防・発見・回復の各対策)と、方法から見た対策(物理的・管理的・技術的の各対策)を組み合わせて、どのような不正リスク対策を構築する必要があるかを検討する。このような作業は、コントロールデザイン(不正リスク対策の設計)ともいう。コントロールデザインに基づいて、不正リスク対策を構築することになる。

9

不正リスク対策

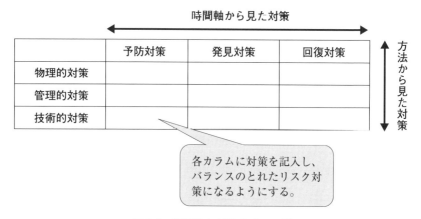

図9.4　複層的な対策のイメージ

9.5　不正リスク対策の考え方

不正リスク対策では、一般のリスク対策と同様にリスクに対応した対策になっていることが重要である。また、**図9.5**に示すように、不正リスクに対して複数の対策が講じられることもある。ある対策を補完する対策は、補完コントロールともいう。また、予算の制約などからあるべきコントロールを構築できない場合には、次善の策としての対策を講じることになる。これを代替コントロールという。

コントロールデザインを検討する際には、理想的な不正対策のほかに補完コントロールや代替コントロールも検討するとよい。いずれにしても対策に重大な漏れがないようにコントロールデザインを行うことが重要である。

9.6　第三者委員会報告書の不正防止への活かし方

不正・不祥事が発生すると、その原因究明、再発防止のために第三者委員会を設置して調査を行うことが少なくない。しかし、第三者委員会報告書の品質もさまざまである。ここでは、第三者委員会とは何か、その報告書を読むとき

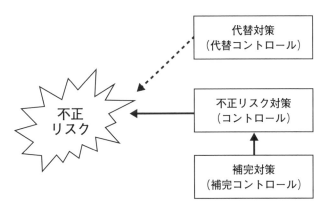

図9.5　代替コントロールと補完コントロール

に何に留意すればよいのかを考えてみたい。

(1)　第三者委員会とは

　企業等で不正・不祥事が発生した場合に第三者委員会が設置され、事実確認、原因究明、改善提案などが行われることが少なくない。日本弁護士連合会では、「企業等不祥事における第三者委員会ガイドライン」を 2010 年 7 月 15 日（2010 年 12 月 17 日改訂）に策定し公表している。

　同ガイドライン(p.1)では、基本原則として、「本ガイドラインが対象とする第三者委員会(以下、「第三者委員会」という)とは、企業や組織(以下、「企業等」という)において、犯罪行為、法令違反、社会的非難を招くような<u>不正・不適切な行為等</u>(以下、「不祥事」という)が発生した場合及び発生が疑われる場合において、<u>企業等から独立した委員のみをもって構成</u>され、<u>徹底した調査</u>を実施した上で、専門家としての知見と経験に基づいて<u>原因を分析</u>し、必要に応じて具体的な<u>再発防止策等を提言</u>するタイプの委員会である。

　第三者委員会は、<u>すべてのステークホルダーのために調査</u>を実施し、その結果をステークホルダーに公表することで、最終的には<u>企業等の信頼と持続可能性を回復することを目的</u>とする。」(下線は筆者)と定めている。

9

不正リスク対策

117

　このように、原因分析に留まらず再発防止策等の提言まで行い、企業等の信頼と持続可能性を回復することを目的としている。また、同ガイドラインは、**表9.1** に示す構成になっている。

　第三者委員会がどのような活動を行うのかを理解するための参考になる。また、企業等においては、第三者委員会による調査が入ったときに、それに的確に対応できるように日頃から記録を残しておくようにするとよい。もっとも、記録をきちんと残しているような企業の場合には、不正リスクの発生可能性が低いのではないかと考えられる。

(2)　独立性と客観性

　第三者委員会は、その独立性と調査の客観性の確保が重要である。「企業等不祥事における第三者委員会ガイドライン」(p.2) の「第1部基本原則　第2. 第三者委員会の独立性、中立性」では、「第三者委員会は、依頼の形式にかかわらず、企業等から独立した立場で、企業等のステークホルダーのために、<u>中立・公正で客観的な調査を行う。</u>」(下線は筆者)と定めている。さらに、第2部指針の「第2. 第三者委員会の独立性、中立性についての指針」(pp.3-4)で、次の事項を定めている。

　「1. 起案権の専属

　調査報告書の起案権は第三者委員会に専属する。

　2. 調査報告書の記載内容

　第三者委員会は、調査により判明した事実とその評価を、企業等の<u>現在の経営陣に不利となる場合であっても</u>、調査報告書に記載する。

　3. 調査報告書の事前非開示

　第三者委員会は、調査報告書提出前に、その全部又は一部を企業等に開示しない。

　4. 資料等の処分権

　第三者委員会が調査の過程で収集した資料等については、原則として、第三者委員会が処分権を専有する。

表9.1 「企業等不祥事における第三者委員会ガイドライン」の構成

第1部　基本原則	
第1.　第三者委員会の活動	1.　不祥事に関連する事実の調査、認定、評価 （1）　調査対象とする事実（調査スコープ） （2）　事実認定 （3）　事実の評価、原因分析 2.　説明責任 3.　提言
第2.　第三者委員会の独立性、中立性 第3.　企業等の協力	〈省略〉
第2部　指針	
第1.　第三者委員会の活動についての 　　　指針	1.　不祥事に関連する事実の調査、認定、評価についての指針 　　（1）　調査スコープ等に関する指針 　　（2）　事実認定に関する指針 　　（3）　評価、原因分析に関する指針 2.　説明責任についての指針（調査報告書の開示に関する指針） 3.　提言についての指針
第2.　第三者委員会の独立性、中立性 　　　についての指針	〈省略〉
第3.　企業等の協力についての指針	1.　企業等に対する要求事項 2.　協力が得られない場合の対応
第4.　公的機関とのコミュニケーショ 　　　ンに関する指針	〈省略〉
第5.　委員等についての指針	1.　委員及び調査担当弁護士 　　（1）　委員の数 　　（2）　委員の適格性 　　（3）　調査担当弁護士 2.　調査を担当する専門家
第6.　その他	1.　調査の手法など 2.　報酬 3.　辞任 4.　文書化 5.　本ガイドラインの性質

出所）　https://www.nichibenren.or.jp/library/ja/opinion/report/data/100715_2.pdf に基づいて作成

9

不正リスク対策

5. 利害関係

<u>企業等と利害関係を有する者は、委員に就任することができない。</u>」（下線は筆者）

　以上のような独立性、中立性を確保することが第三者委員会では必須となる。このような原則は、内部監査でも同様に独立性および客観性が求められている。また、公認会計士でも独立性について、「監査人の職業倫理の1つ。監査人は独立した第三者として監査意見を形成するため、監査の実施に当たって公正不偏の態度を保持（精神的独立性）し、特定の利害関係を有さず、その疑いを招く外観を呈さない（外観的独立性）ことが強く要求されている。」(https://jicpa.or.jp/cpainfo/introduction/keyword/post-71.html)と説明されている。

　しかし、第三者委員会の独立性、中立性には限界がある。第三者委員会の報酬について、ガイドライン(p.6)では、「弁護士である第三者委員会の委員及び調査担当弁護士に対する報酬は、時間制を原則とする。

　第三者委員会は、企業等に対して、その任務を全うするためには相応の人数の専門家が相当程度の時間を費やす調査が必要であり、それに応じた費用が発生することを、事前に説明しなければならない」と定めている。

　つまり、第三者委員会は、調査依頼元の企業等から報酬を得て調査を行っている点に独立性・中立性の限界がある。公認会計士監査も同様であり、監査先企業等から報酬を得て監査を行っている。内部監査の場合には、内部監査人が企業等の従業員であることから独立性および客観性の確保に限界があるといえよう。

(3)　専門性

　日本弁護士連合会のガイドライン(p.5)では、「第5. 委員等についての指針」の「(2)委員の適格性」として、「第三者委員会の委員となる弁護士は、<u>当該事案に関連する法令の素養</u>があり、<u>内部統制、コンプライアンス、ガバナンス等、企業組織論に精通した者</u>でなければならない。

　第三者委員会の委員には、事案の性質により、<u>学識経験者、ジャーナリス</u>

ト、公認会計士などの有識者が委員として加わることが望ましい場合も多い。この場合、委員である弁護士は、これらの有識者と協力して、多様な視点で調査を行う。」（最初の行に「。」を追加。下線は筆者）としている。日本弁護士連合会が策定しているガイドラインなので当然だが、委員は、弁護士が中心である。しかし、不正・不祥事は会計に関わる事案が少なくないことから公認会計士が委員となることも示している。

　この他に、同ガイドライン（p.8）の「2. 調査を担当する専門家」として、「第三者委員会は、事案の性質により、公認会計士、税理士、<u>デジタル調査の専門家</u>等の各種専門家を選任できる。これらの専門家は、第三者委員会に直属して調査活動を行う」（下線は筆者）を定めている。不正・不祥事は、デジタル技術に関わる事案が少なくないこと、調査にはデジタル技術の知見が必要になることを勘案すると調査の専門家として加わることは妥当だと考えられる。

　欲をいえば、システム監査技術者、CISA（公認情報システム監査人）、CIA（公認内部監査人）、CFE（公認不正検査士）といったシステム監査や内部監査の専門家も第三者委員会の委員や調査の専門家に追加するとよい。なぜならば、委員の適格性で示されている内部統制、コンプライアンス、ガバナンスなどに精通した専門家だからである。

(4)　第三者委員会報告書の評価

　第三者委員会の報告書がすべて優れているわけではない。第三者委員会報告書の格付けを実施している第三者委員会報告書格付け委員会がある。同委員会の目的は、「第三者委員会報告書格付け委員会（以下「当委員会」といいます。）は、第三者委員会等の調査報告書を「格付け」して公表することにより、調査に規律をもたらし、第三者委員会及びその報告書に対する社会的信用を高めることを目的としています。」（http://www.rating-tpcr.net/about/）と説明している。

　同委員会によれば、評価における考慮要素は、次のとおりである。

- 委員構成の独立性、中立性、専門性
- 調査期間の妥当性

- 調査体制の十分性、専門性
- 調査スコープの的確性、十分性
- 事実認定の正確性、深度、説得力
- 原因分析の深度、不祥事の本質への接近性、組織的要因への言及
- 再発防止提言の実効性、説得力
- 企業や組織等の社会的責任、役員の経営責任への適切な言及
- 調査報告書の社会的意義、公共財としての価値、普遍性
- 日本弁護士連合会が 2010 年 7 月 15 日に公表(同年 12 月 17 日に改訂)した「企業等不祥事における第三者委員会ガイドライン」への準拠性

以上の評価における考慮要素は、われわれが第三者委員会報告書を読むときの参考になる。

筆者は、第三者委員会報告書を読むときに、事実の把握、原因究明の深さ、再発防止策などに関心をもっている。調査担当者を含む調査体制の適否や調査期間の十分性は、事実把握や原因究明の深さを見れば想像がつく。

これは、内部監査報告書でも同様のことがいえる。内部監査人の専門性が高ければ、事実を的確に把握し、原因究明も表面的なものではなく、根本原因の究明を行っている。また、このような内部監査を実施するためには、ある程度の監査期間を確保しなければ難しい。企業等で不正・不祥事が発生した場合には、不正・不祥事の社会的な影響を考慮した上で、第三者委員会を設置して調査するという対応も考えられるが、内部監査部門に調査をさせる方法も考えられる。

また、第三者委員会に対する報酬が公表されることはほとんどないようだが、調査報酬が多いことによる調査への影響(客観性の確保)についても関心をもつとよい。その反対に報酬が少ない場合には、原因究明を十分に行えないということにも関心をもつとよい(図 9.6)。

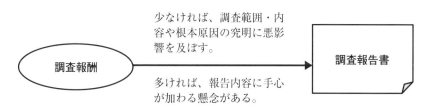

図 9.6　調査報酬が調査報告書に及ぼす影響

内部監査にはなぜ聖域があってはならないのか

　内部監査は、企業等のすべての部門・業務を対象にして監査を実施することが求められている。もちろん、内部監査人の人数に制約があるので、リスクの大きい部門・業務を対象に監査を実施することになる。内部監査が行われない部門や業務があると、当該部門・業務で適切に業務が行われているかどうかをチェックできなくなる。また、当該部門・業務の管理者・担当者の緊張感が緩み、見落としや不適切な処理が行われかねない。そこで、内部監査には、聖域があってはならないということが言われているのである。

　取締役、監査役、監査(等)委員は、内部監査が聖域をつくらないように実施しているかどうかを確かめるとともに、適切な内部監査が行われるように指導・監督・支援する必要がある。

9

不正リスク対策

労働時間や残業代の不正

　労働時間に関して、次のような事件が発生している。「ネット通販大手「アマゾン」の配送を担う神奈川県内の運送会社3社で、個人事業主として契約を結ぶ配達員の労働時間を短く見せかけるため、他人のIDを使って働かせていたことがわかった。〈中略〉組合によると、アマゾン側は、配達員の労働時間をアプリを通じて管理。週の労働時間の上限を60時間とする基準を独自に定めている。ところが、横浜市の運送会社が、60時間を超えた配達員に他人のIDを使うように指示しているという相談が組合員から寄せられ、元請け会社とその下請け2社に改善を要求。元請けは組合員に対し、指示したことを認め、要求以降は運用が止まったという。」（2022年10月4日、朝日新聞（朝刊））労働時間が基準を超えないように意図的に操作していた事件である。このように労働時間を調整する事件があるので、経営者や管理者は注意しなければならない。

　残業代に関する不正・不祥事もある。2017年7月19日付、朝日新聞（朝刊）によると、「宅配便最大手ヤマトホールディングス（HD）は、全社的な勤務実態調査で判明した残業代の未払い分を、18日に対象者に一斉に支給したことを明らかにした。〈中略〉未払い分は総額約230億円。支給対象は傘下の事業会社ヤマト運輸のセールスドライバー（SD）を中心に約5万9千人にのぼる。」としている。

第10章

不正・不祥事の防止に向けて

不正・不祥事を防止することは容易ではない。不正・不祥事は、経営が行う場合もあれば、担当者が行う場合もある。最も重要なことは、倫理意識の醸成ではないだろうか。不正を行いやすい「機会」や「動機」があっても、不正を行わない、不正を行ってはならないという意識が重要になる。倫理意識は、経営者・従業員・委託先も含めて個人個人が醸成するものと、企業等の組織として醸成するものがある。ここでは、倫理意識を中心に不正・不祥事の防止に向けてどのように取り組めばよいのかを述べる。

10.1 経営理念と行動規範

不正・不祥事を予防するための基本的な対策は、倫理意識の醸成である。そのために、企業としては、経営理念を策定し、従業員に広く周知・徹底する必要がある。経営理念は、企業等で広く策定しているものであり、それに基づいて、従業員の行動規範等が策定されている。この中で、コンプライアンス確保に関する事項を明確に定めて、従業員に周知・徹底することが重要である。

（1）　三菱電機の企業理念

　品質の不正が発生した三菱電機株式会社では、次のような取組みを行って不正・不祥事の防止に努めている。

　企業理念として「私たち三菱電機グループは、たゆまぬ技術革新と限りない創造力により、活力とゆとりある社会の実現に貢献します。」を掲げ、「私たちの価値観」として、次のように定めている（2023 年 6 月 30 日現在、https://www.mitsubishielectric.co.jp/corporate/gaiyo/rinen/index.html）。

「信頼　　　社会・顧客・株主・取引先、及び共に働く従業員との信頼関係を大切にする。

　品質　　　社会と顧客の満足が得られる製品・サービスを最高の品質で提供する。

　技術　　　技術力・現場力の向上を図り、新たな価値を提供する。

　倫理・遵法　　社会規範及び法令を遵守し、高い倫理観を持ち行動する。

　人　　　　すべての人の安全・健康に配慮するとともに、人の多様性を理解し、人格・人権を尊重する。

　環境　　　自然との調和を図り、地球環境の保護と向上に努める。

　社会　　　企業市民として、より良い社会づくりに貢献する。」

　この中で、倫理に関する事項は、「社会規範及び法令を遵守し、高い倫理観を持ち行動する。」ということである。この価値観を大切にして、具体的な業務活動の中で実践することが重要である。また、同社が品質不正で問題になった品質については、「社会と顧客の満足が得られる製品・サービスを最高の品質で提供する。」としているが、これには品質不正が生じないようにするという意味が込められていると考えられる。

　ここでは、三菱電機株式会社の経営理念や価値観について説明したが、短い言葉の中ですべてを盛り込むことは現実には難しいので、経営理念や価値観をわかりやすく従業員に説明して実践させるようにしなければならない。このような取組みは、他の企業等でも同様である。

(2)　東京ガスの行動基準

　公益企業である東京ガス株式会社では、次のような取組みを行っている。存在意義として「人によりそい、社会をささえ、未来をつむぐエネルギーになる。」を掲げ、価値観として「挑み続ける、やり抜く、尊重する、誠意をもつ」を定めている。さらに、これらを受けて、「私たちの行動基準として」、次の事項を定めている（2023 年 6 月 30 日現在、https://www.tokyo-gas.co.jp/about/policy/index.html）。

「1.　私たちは、常に信頼され選ばれ続ける「エネルギーフロンティア企業グループ」の一員として、自ら考え、行動します。

2.　私たちは、常にクリーンでフェアな業務を行います。

3.　私たちは、お客さま、お取引先、株主などのステークホルダーに対して誠実・公正に対応します。

4.　私たちは、ともに働く仲間の多様性や個性を尊重し、働きやすい職場を実現します。

5.　私たちは、地球環境を守るために行動します。

6.　私たちは、企業市民として、地域や社会に貢献します。

7.　私たちは、情報を適正に取り扱います。

8.　私たちは、グローバルな展開にあたっては、各国・地域の法令、人権を含む各種の国際規範の尊重だけでなく、文化や慣習、ステークホルダーの関心に配慮した事業活動を行います。

9.　私たちは、社会人としての良識を持ち、個人の生活においても高い倫理観に基づいた行動をします。

10.　私たちは、行動基準から逸脱した行動を行った場合、または、見聞きした場合には、迅速に職場に報告し、必要な是正を行います。

11.　経営層や管理者は、先頭に立って自ら行動します。」（下線は筆者）

　東京ガス株式会社でも、情報の適正な取扱い、良識、倫理を取り上げている。ポイントは、従業員にいかに徹底させるかである。

10

不正・不祥事の防止に向けて

(3)　経営理念の重要性

　経営理念は、企業等の事業活動の基礎となる考え方、価値観である。不正・不祥事の発生を低減するためには、コンプライアンスの重視を従業員に徹底し、それに基づいて行動するようにしなければならない。従業員に周知・徹底するためには、単に表面的なことを言うだけでなく、それを実践することが大切である。経営者を始め管理者は、自らがコンプライアンスを重視し実践しなければならない。

　具体的には、経営者や管理者は、各種会議、部下の指導などにおいてコンプライアンスについて言及し、経営者であれば、コンプライアンス部門とのミーティングを定期的に開き、報告内容について確認したりコンプライアンスの徹底について指示を行ったりするとよい(図10.1)。

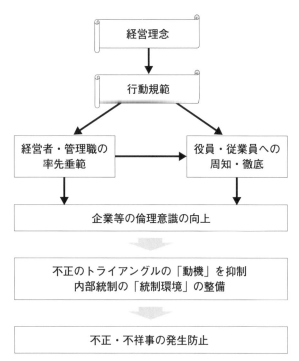

図 10.1　経営理念と不正・不祥事の防止

10.2　倫理教育

　倫理については、経営倫理、会計倫理、情報倫理、技術者倫理、研究者倫理、公務員倫理などさまざまなものがある。

　倫理について、『広辞苑』によれば、「人倫の道。実際道徳の規範となる原理。道徳、倫理学の略」と説明している。また、「人倫」については、「人と人との秩序関係。君臣・父子・夫婦などの秩序。転じて人として守るべき道。人としての道」と説明している。

　ところで、和辻哲郎先生は、「倫は、「なかま」を意味する。「なかま」とは一定の人々の関係を体系としての団体であるとともに、この団体によって規定せられた個々の人々である。」、「従って「倫」は「なかま」を意味するとともにまた人間存在における一定の行為的連関の仕方をも意味する。そこからして倫は人間存在における「きまり」「かた」すなわち「秩序」を意味することになる。それが人間の道と考えられるものである。」(出所：和辻哲郎『倫理学上巻』、岩波書店、1965 年、p.13)と説明している。

　つまり、倫理は、人として守るべき道のことだと考えればよい。企業等でいえば、企業等として守るべき道だといえる(**図 10.2**)。企業等の不正・不祥事と倫理の関係を考えると、企業等が守らなければならない道(倫理)を踏み外した

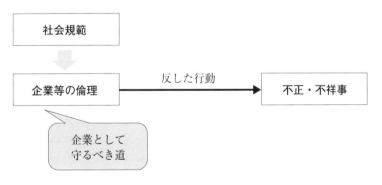

図 10.2　企業等の倫理と不正・不祥事の関係

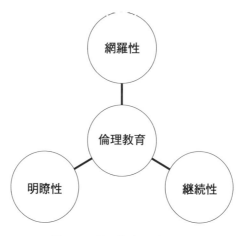

図 10.3　倫理教育のポイント

結果発生したものが不正・不祥事だと考えればよいのではないだろうか。そのような視点から考えると、企業等で倫理教育を徹底させることが、不正・不祥事の提言のために極めて重要であることがわかる。

　倫理教育は、企業等の倫理規範を、経営者を始め、従業員、パートタイマー、アルバイト、派遣社員など、自社の事業活動に関わる者全員に対して実施する必要がある。また、一度だけの実施では十分でなく、定期的に実施することが肝要である。また、倫理教育には明瞭性も重要である。難しいことや詳細すぎる事柄を従業員等に周知しても、なかなか従業員等の身につかないおそれがある。そこで倫理教育の内容は、明瞭なものでなければならない。このような視点で倫理教育を実施するとよい(図 10.3)。

　ここで、さまざまな倫理について、概説する。

(1)　会計倫理

　会計倫理は、会計業務に関わる倫理であり、会計業務について守るべき道のことだといえる。会計業務では、一般的に公正妥当と認められた会計原則(Generally Accepted Accounting Principles：GAAP)に従って、会計処理を

行うことが求められる。また、法人税法、消費税法などの法令を遵守することも会計担当者として守るべき道である。

　会計倫理の遵守に際して課題になることは、企業の都合(売上や利益の確保、予算の制約など)の影響を受けるおそれがあることである。会計担当者としては、社会規範、つまり一般に公正妥当と認められる会計原則および法人税などの法令の遵守を優先することが重要である。また、予算の制約があるからといって、本来計上すべき勘定科目ではなく、予算に合わせた勘定科目で計上するようなことがあってはならない。

(2)　情報倫理

　情報倫理は、情報技術(デジタル技術)の利用に際して守るべき道のことだといえる。ユーザー ID やパスワードの管理に関するルール、インターネットを利用する際のルール、電子メールを利用する際のルールのほかに、SNS(Social Networking Service)の利用におけるルールなどさまざまなルールがある。最近では、AI に関する原則について議論されており、情報倫理の守備範囲は広範に拡大しつつある。

(3)　技術者倫理

　技術者倫理は、技術者が守るべき道である。欠陥商品の開発を行ってはならないし、製品の品質を誤魔化すことは技術者として行ってはならないことである。技術者倫理として有名な事例は、スペースシャトルの爆発事故である(https://history.nasa.gov/rogersrep/v1ch4.htm)。この事故の前に、ある技術者が燃料タンクとの接続部分の O リングの不備を指摘していた。結果として、この指摘が採用されずチャレンジャー号を打ち上げて事故になった。技術者として、問題があればそれを指摘して事故や欠陥の予防につながるように行動することが技術者の守るべき道である。

10

不正・不祥事の防止に向けて

(4)　研究者倫理

研究者倫理は、研究者が守るべき道のことである。研究者不正には、研究データの改ざんが挙げられる。このようなことが発生しないように、大学や研究機関等では研究者倫理教育が義務づけられている。日本学術振興会「科学の健全な発展のために」編集委員会は、「科学の健全な発展のために－誠実な科学者の心得－」を作成し公開している（https://www.jsps.go.jp/file/storage/general/j-kousei/data/rinri.pdf）。この中で、「人文・社会科学から自然科学までのすべての分野の研究に関わる者（本書では「科学者」と称しています）が、どのようにして科学研究を進め、科学者コミュニティや社会に対して成果を発信していくのかといったことについて、エッセンスになると思われる事柄を整理しまとめたものです。」と説明している。この資料の特徴は、研究活動において守るべき事柄をまとめている点である。

なお、文部科学省は、「研究活動における不正行為への対応等に関するガイドライン」（2014年8月26日、文部科学大臣決定）を策定している。この概要（目次）は、表10.1のとおりであるが、企業等が研究者向けの倫理教育を行うときの参考になる。

(5)　その他

その他の倫理としては、例えば公務員倫理がある。公務員は、その仕事柄企業等と異なる守るべき道が求められる。企業等にそのまま適用されるものではないが、自社の倫理規程の策定の参考になる。この中で、事業者向けに次のような事項について禁止されていることを示している（https://www.jinji.go.jp/rinri/siryou/jigyousya_card2023.pdf）。企業等は、公務員に対してこれらの事項を行わないように注意することが重要である。

- 金銭や物品の贈与
- 酒食等のもてなし（接待）
- 車での送迎など、無償でのサービス提供
- 一緒に麻雀等の遊技、ゴルフ、旅行をすること

表 10.1　研究活動における不正行為への対応等に関するガイドライン（目次）

はじめに

第1節　研究活動の不正行為に関する基本的考え方

　1　研究活動

　2　研究成果の発表

　3　研究活動における不正行為

　4　不正行為に対する基本姿勢

　5　研究者、科学コミュニティ等の自律・自己規律と研究機関の管理責任

第2節　不正行為の事前防止のための取組

　1　不正行為を抑止する環境整備

　2　不正事案の一覧化公開

第3節　研究活動における特定不正行為への対応

　1　対象とする研究活動及び不正行為等

　2　研究・配分機関における規程・体制の整備及び公表

　3　特定不正行為の告発の受付等

　4　特定不正行為の告発に係る事案の調査

第4節　特定不正行為及び管理責任に対する措置

　1　特定不正行為に対する研究者、研究機関への措置

　2　組織としての管理責任に対する研究機関への措置

　3　措置内容の公表

第5節　文部科学省による調査と支援

　1　研究活動における不正行為への継続的な対応

　2　履行状況調査の実施

　3　研究倫理教育に関するプログラムの開発推進

　4　研究機関における調査体制への支援

（参考資料1）　研究活動における不正行為への対応等に関するガイドライン（概要）

（参考資料2）　調査結果の報告書に盛り込むべき事項

出所）　https://www.mext.go.jp/b_menu/houdou/26/08/__icsFiles/afieldfile/2014/08/26/1351568_02_1.pdf

10

不正・不祥事の防止に向けて

- 金銭の貸付け
- 未公開株式の譲渡
- 無償での物品や不動産の貸付け

中元・歳暮

　かなり以前は中元・歳暮の時期になると贈り物が職場に届けられること
が少なくなかった。しかし、現在では、中元・歳暮については廃止してい
る企業等が多い。また、中元・歳暮だけでなく、手土産でお菓子を持参し
ても受け取らない企業等が増えている。コンプライアンスを確保するため
には、このような身近なところから取組みを進めるとよい。また、このよ
うな慣習が残っている企業等では、企業文化を見直して、不正・不祥事に
強い組織にするとよい。

10.3　経営者の倫理意識

　不正・不祥事を防ぐためには、経営者の倫理意識が特に重要である。不正・
不祥事は、経営者に起因する事例が少なくないからである。また、経営者の倫
理意識が低いと、部下に対する倫理教育がおろそかになり、不正・不祥事の発
生を防止することができない。

　倫理教育は、経営者に対しても実施する必要がある。もし実施されていない
場合には、監査役や監査(等)委員を通じて実施するように促す方法がある。

　経営者の倫理意識の高低を判断するには、経営者が年頭の挨拶、年度初めの
挨拶、入社式での挨拶などで、どの程度倫理の重要性について発言しているか
確かめるとよい。また、経営者がコンプライアンス推進部門とのミーティング
の時間をどの程度もっているかを確かめてもよい(**図 10.4**)。

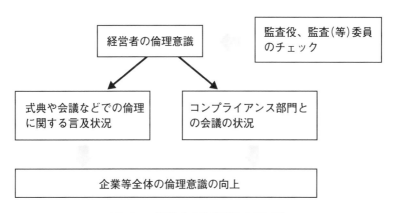

図 10.4　経営者の倫理意識の重要性

10.4　統制環境(経営者のリーダーシップ)の重要性

不正・不祥事を防止するためには、倫理を重視しようという意識が企業等全体に浸透していなければならない。内部統制の基本的要素でいえば、統制環境が重要だということである。統制環境の整備としては、次のような事項が考えられる。

①　経営理念の策定

経営理念だけでなく、それを具体的に実践するための行動規範の策定も重要である。経営理念は、企業グループ全体を対象とするものでなければならない。また、その内容は、簡潔にしてわかりやすいものにしなければならない。

②　経営理念、行動規範の周知

経営理念や行動規範は、定期的に従業員すべてに周知する必要がある。周知で重要なことは、周知の網羅性と形骸化の防止である。交替勤務がある職場などでは、全員に対して一度に実施することが難しい。そこで、グループを分けて周知するなどの工夫が必要である。また、経営理念や行動規範を毎回同じように周知するだけでは形骸化してしまい教育を受ける側も「また、いつもの話か」といって聞き流してしまうかもしれない。そこで、社内外の事件を取り入

10

不正・不祥事の防止に向けて

れたり、グループで意見交換したりさまざまな工夫をする必要がある。

③　行動のチェック

自らの行動をチェックして、経営理念や行動規範に抵触するような行動をとっていないか、チェックすることも忘れてはならない。チェックには、自己点検(e ラーニングの利用など)したり、職場でチェックしたり、他者がチェックする方法などがある。

④　内部監査

経営理念や行動規範の策定、周知、チェックが確実に実施されているかどうかを内部監査部門が監査することも重要である。すべての部門・従業員等に対して監査を実施することは難しいので、行動チェックの結果を点検・評価する方法で監査を行ってもよい。

10.5　ルール化、明文化

不正・不祥事を防止するためには、行動規範の明文化が必要になる。行動規範には、例えば表 10.2 に挙げるようなものがある。どの企業も行動規範を定め、その遵守を従業員に求めていることがわかる。

10.6　風通しの良い組織

不正・不祥事を起こしにくい企業にするためには、不正・不祥事を起こしにくい企業文化を育む必要がある。企業文化は、一朝一夕には作り上げることができない。また、不正・不祥事を起こしやすい企業文化になっている企業の場合には、それを払拭し、不正・不祥事に強い企業文化を作り上げることはたいへんである。

それでは、不正・不祥事を起こしにくい企業文化とは、どのようなものであるのか。行動規範を定めてそれに従って事業活動を行うことはもちろん重要である。それに加えて、風通しの良い組織にすることが重要である。風通しの良

表 10.2　行動規範の例

行動規範	内　　容
日立グループ企業倫理・行動規範	日立の従業員として、皆さんには、自らの言動を通じて日立創業の精神を実践し、倫理的な行動をとる責任があります。このような行動は、どのような状況においても、公正さ・誠実さ・透明性を保つという、倫理的に行動する環境の実現に貢献します。 　正しい行いには、不正・違法な行為やそのようにみなされる行為に関わらないことが含まれます。 　出所）　https://www.hitachi.co.jp/about/corporate/conduct/
ソニーグループ行動規範	このソニーグループ行動規範は、ソニーグループの全ての取締役、役員および従業員(以下、総称して「ソニー役員・社員」といいます)が遵守すべき基本的な内部規範を定めています。ソニーグループは、自らこの行動規範を遵守することを宣言するとともに、全てのソニー役員・社員に対してこの行動規範を読んで、理解し、そして遵守することを要請します。 　出所）　https://www.sonysonpo.co.jp/share/pdf/idea_group.pdf
トヨタ行動指針	「どのような会社でありたいか」という経営理念をまとめたものが「トヨタ基本理念」(1992 年に制定、1997 年に改正)です。この「トヨタ基本理念」は、私たちが、お互いにその内容を良く理解・共有し、社会に貢献することを念頭に作られたものです。その「トヨタ基本理念」に基づき、私たちが日常業務を実践する上で、大きな支えとなるものが「トヨタウェイ」と「トヨタ行動指針」です。まず、「トヨタウェイ」(2001 年に作成)は、全世界のトヨタで働く私たちが共有すべき価値観や手法をまとめたものです。次に本書に記載されている「トヨタ行動指針」(1998 年策定、2005年改訂)は、実際の会社生活(含. 日常業務)・社会生活で、具体的に行動する上で、私たちひとり一人が規範・羅針盤とすべき基本的な指針および具体的な留意点をまとめたものです。 　出所）　https://global.toyota/pages/global_toyota/company/vision-and-philosophy/code_of_conduct_001_jp_2.pdf
三菱商事役職員行動規範	基本理念 　三菱商事の役職員は、業務遂行に当たり諸法令、国際的な取決め及び社内規程を遵守するとともに、ビジネスマナーを守り、社会規範に沿った責任ある行動をとる。 　出所）　https://www.mitsubishicorp.com/jp/ja/about/philosophy/pdf/conduct190415j.pdf

10

不正・不祥事の防止に向けて

い組織とは、上位者や同僚に対して自分の考えや気づきを自由に言える、あるいは言いやすい組織である。

　不正・不祥事を防ぐための機能として、公益通報者保護法があるが、風通しの悪い組織では、通報窓口に通報しにくいのではないだろうか。これに対して、風通しの良い組織では、公益通報をする必要はなく、問題点を直ちに上司に伝え、それに基づいて関係部署との連携を図りながら不正・不祥事の発生を未然に防ぐことができる。また、何か困ったことを抱えている従業員がいれば、それを上司や同僚が察知して、問題解決につなげることが可能になる。

　ある中高一貫校で生徒に不正防止について講義を行ったことがあるが、そのときにある生徒は、「あいさつをきちんとすることが不正防止にとって重要である。」といったレポートを提出した。この講義では、講演者が事前に課題を生徒に出して、それに関するレポートを作成して提出する方法で講義を進めていた。そのときに提出されたレポートに挨拶の話が出ていたのである。その理由は、挨拶によって良い人間関係を構築すれば、担任を悲しませたり迷惑をかけたりするような行動をとりにくいからということであった。

　企業においてもまったく同様である。日頃からコミュニケーションの良い組織をつくっておけば、不正・不祥事を起こしにくい組織になるのではないだろうか(図 10.5)。

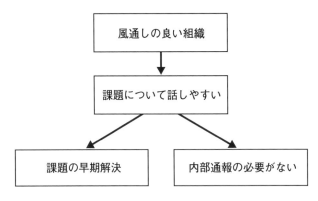

図 10.5　風通しの良い組織づくりの重要性

付　録
不正・不祥事チェックリスト

不正・不祥事が発生しやすい組織には、いくつかの特徴がある。**表 A.1** の項目をチェックして、該当の事項がある企業では、以下の解説を読みながら対応策を講じるとよい。

【チェック項目の解説】

①　企業風土（倫理意識）に問題がある

企業風土は、不正・不祥事の発生に大きな影響を及ぼす。経営理念や行動規範が明確に定められておらず、法令等を遵守しようという意識が低い企業等では不正・不祥事が発生しやすい。また、遵法意識が低い企業等でも、不正・不祥事が発生する可能性が高い。具体的には、「スピード違反しても捕まらなければよい」、「駐車違反で捕まったのは、運が悪かったからだ」といった会話が職場内で行われている場合には、注意が必要である。

このような考えを強調すると、「顧客に対して多少の嘘をついても売れればよい」、「利益を確保しなければ会社が倒産してしまうので、品質の悪い商品を売ってもかまわない」、「商品を無駄に廃棄するよりは、賞味期限のラベルを貼り替えて販売したほうが、フードロスが減り環境にも良い」といった考えにつながってしまう。

表 A.1　不正・不祥事チェックリスト

No.	チェック項目
①	企業風土（倫理意識）に問題がある。
②	経営者が無関心である。
③	利益優先の企業風土である。
④	体制が整備されていない。
⑤	リーガルチェックが弱い。
⑥	内部監査が行われていない。
⑦	技術変化に対応していない。
⑧	縦割り組織で他への関心が少ない。
⑨	過大なノルマ、目標設定が厳しい。
⑩	人事評価が不公平である。
⑪	理不尽な人事異動・解雇が行われている。
⑫	「風通し」が悪い。
⑬	ノーチェック、放任している。
⑭	長期間担当している。
⑮	一人作業をしている。
⑯	権限とスキルの両方を保有している。
⑰	職務の分離が行われていない。
⑱	モニタリングが行われていない。
⑲	手順が定められていない。
⑳	二重請求しやすい。
㉑	水増し請求しやすい。
㉒	整理整頓ができていない。
㉓	廃棄物の管理ができていない。

　また、上司が公私混同をしているために、それを見た部下が自分もこれくらいやってもよいだろうというように正当化して会社の経費を私的な遊興費に当てる可能性が高くなる。

　さらに、倫理意識が低い経営者や上司の場合には、年度末の会計処理についての意識が低いので、会計原則や税法の取扱いを気にしないで、利益目標達成のために虚偽の売上を計上させたり、期末の経費計上などの不適切な会計処理

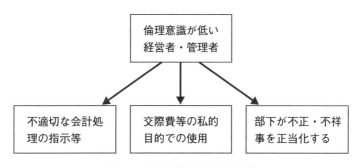

図 A.1　倫理意識と不正の関係

を行ったりする可能性が高くなる。

　企業風土の問題は、不正のトライアングルでいう「正当化」につながってしまうので、気をつけなければならない（図 A.1）。

②　経営者が無関心である

　経営者がコンプライアンス確保や倫理について無関心な組織ほど不正を行いやすい組織だといえる。経営者自らがコンプライアンス違反を犯すような企業や、コンプライアンスよりも利益に関心をもっている経営者の場合には、不正・不祥事が起こりやすい。

　従業員は、経営者がコンプライアンスや倫理に関心をもっているかどうかをよく見ている。例えば、経営者がコンプライアンス推進部門や内部監査の話を聞く時間を確保しているか、さまざまな場での経営者の発言内容に、コンプライアンスや倫理の話が出てくるか、様子を見ていればすぐにわかる。コンプライアンスや倫理に関心のない経営者の場合には、従業員もコンプライアンスや倫理に関心をもたないで事業活動を行うことになり、大きな問題につながる可能性がある。

③　利益優先の企業風土である

　企業であれば利益の確保に重大な関心を示し、利益確保に懸命になって事業

付録

不正・不祥事チェックリスト

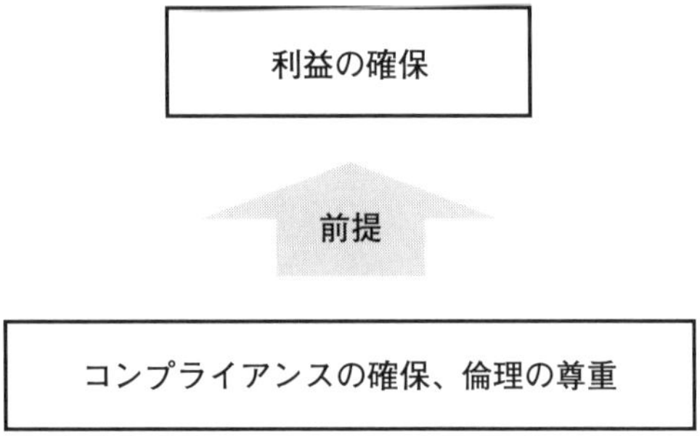

図 A.2　コンプライアンス、倫理と利益の確保

活動を行うことは当たり前である。しかし、利益の確保は、コンプライアンスや倫理の確保が前提条件になる。利益優先の企業風土である場合、顧客に嘘を言ったり、嘘でなくても正確な商品説明を行わないで商品を販売してしまったりするおそれがある。

　つまり、正しく事業活動を行って利益を上げることが重要であり、利益優先の企業等では、コンプライアンス確保や倫理をないがしろにする可能性が高くなる（**図 A.2**）。

④　体制が整備されていない

　コンプライアンス推進のための体制が整備されていない場合には、不正・不祥事が発生する可能性が高くなる。例えば、コンプライアンス推進部門が設置されず、各部門の管理者にコンプライアンスの確保が求められている組織の場合には、コンプライアンス遵守の意識が組織内に浸透しなかったり、浸透の度合いが部門によってばらつく。

　そこで、コンプライアンス推進部門を設置し、各部門にコンプライアンス推進担当者を設置して、コンプライアンス意識が組織内に浸透するようにする必要がある。また、コンプライアンス確保のためのパンフレットを作成したり、コンプライアンス確保のための業務手順を定めたりすることも必要になる。

　体制の不備は、不正・不祥事の抜け穴をつくることになるので、経営者、管

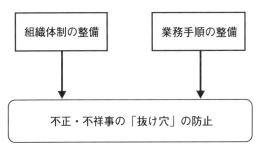

図 A.3　不正・不祥事の抜け穴

理者は、抜け穴ができないように注意しなければならない（**図 A.3**）。

⑤　リーガルチェックが弱い

　リーガルチェックが弱い組織は、不正・不祥事を起こしやすい。不正・不祥事の事件で詳しく説明してきたが、不正競争防止法、景品表示法、労働者派遣法、個人情報保護法、労働基準法などさまざまな法令違反が発生している。不正・不祥事の防止で最も困ることは、「知らずに不正・不祥事を起こしてしまうこと」である。「そんなことは知らなかった」ということがないようにするためには、法務担当者（部門）を設置したり、顧問弁護士を活用したりする方法がある。

　このようなリーガルチェックが行われていない企業等の場合には、売上目標や利益目標を達成することだけに関心が向いてしまって、知らないうちに法律に抵触する行為を起こしてしまうことになる。

⑥　内部監査が行われていない

　内部監査を実施していない企業では、不正・不祥事が発生する可能性が高い。内部監査は、企業内のさまざまな業務を対象にして監査を実施するので、不正を行おうとする者から見ると、どこかで不正・不祥事が露見する可能性があるのではないかと考える。一方、内部監査を実施していない企業では、不正・不祥事を行ってもわからないだろうと考えて不正を行おうとする可能性が高くな

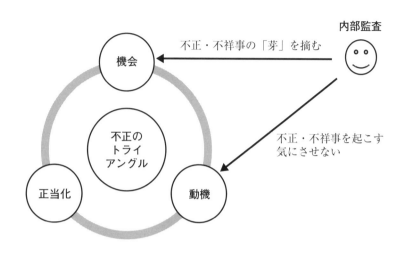

図 A.4　不正のトライアングルと内部監査

る。

　内部監査は、不正のトライアングルの視点から見ると、不正・不祥事を起こす機会を低減する役割をもっている。また、不正・不祥事を起こしても内部監査で見つかってしまうので、不正・不祥事を起こすことを諦めることにつながる。

　ただし、内部監査部門があっても、内部監査が数年に１回しか来ない部門や、一度も内部監査を受けたことがないという部門がある場合には、当該部門で不正・不祥事が発生する可能性が高いので注意しなければならない（**図 A.4**）。

⑦　**技術変化に対応していない**

　技術変化に対応していない企業等では、不正・不祥事が発生しやすい。SNSの利用拡大、生成 AI、テレワークとさまざまなデジタル技術が普及・拡大しているが、これらの技術動向に適切に対応していない企業では不正・不祥事が発生しやすい。新技術に対して企業としてどのような方針で対応するのか方針を明確にする必要がある。また、サイバー攻撃のように外部からの攻撃に対応できるように対策を講じる必要がある。

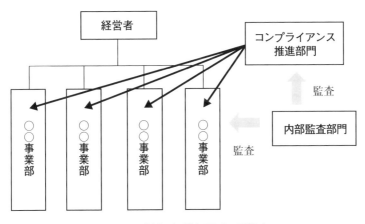

図 A.5　縦割り組織と不正・不祥事

⑧　縦割り組織で他への関心が少ない

縦割り組織の場合には、組織によって管理レベルが異なるので、コンプライアンス意識が低い組織が存在する可能性がある。他組織の倫理意識が高くても、倫理意識の低い組織があれば、そこで不正・不祥事が発生するおそれがある。

これに対応するためには、コンプライアンス部門が全社横断的にコンプライアンス確保を図るようにするとよい。また、内部監査部門が、コンプライアンス遵守状況について監査を行うことも有効である（**図 A.5**）。

⑨　過大なノルマ、目標設定が厳しい

過大なノルマや無理な目標設定は、不正・不祥事が発生する可能性を高くする。無理な目標設定がされると、「どうせ目標は達成できない」と考えて組織のモチベーションが低下する。また、無理に目標を達成しようとすると、不正な手段で実績を水増ししてでも目標を達成したかのように見せかけたくなる。また、不正な手段で目標を達成したように見せかけることに「問題がある」と考えず、無理な目標を設定する上司が悪い、会社が悪いというように考えてしまうおそれがある。

付録

不正・不祥事チェックリスト

　過大なノルマを課したり、達成が難しい目標設定が行われたりしている企業
等の場合には、注意が必要である（図 A.6）。

⑩　**人事評価が不公平である**
　公平な人事評価が行われていない企業等の場合には、従業員が人事評価に不
満をもち、不正・不祥事の発生につながる可能性がある（図 A.7）。不正のトラ
イアングルでいう「動機」につながるからである。また、「給料が安いので、
会社の備品を持ち帰ってもよいだろう」、「給料が安いので、会社の経費を私的
目的に使ってもよいだろう」と考えてしまうかもしれない。
　従業員満足度(ES)調査を実施していない企業等では、不公平な人事評価が

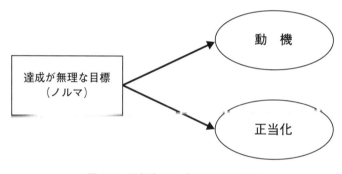

図 A.6　目標(ノルマ)と不正の関係

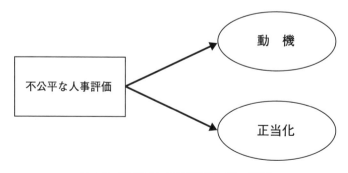

図 A.7　不公平な人事評価と不正の関係

行われていてもわからない。また、SNS での企業等の評判に関するコメント
を見ると、不公平な人事評価が行われているかどうかの兆候を把握することが
可能である。

⑪　理不尽な人事異動・解雇が行われている

　人事異動は、企業にはつきものであるが、家を新築したら遠方に異動の辞令
が発せられて、泣く泣く遠方地に赴任した。異動に伴って、子供が転校しなけ
ればならなくなり、家族の関係が不安定になった。といったことも不正・不祥
事につながりかねない。特に注意しなければならないことは、退職勧奨であ
る。本人はまだ働きたいと考えているにもかかわらず、やむを得ず退職しなけ
ればならなくなったときには、注意しなければならない。

　不正・不祥事を防止するためには、企業等に対して不信感や反感をもたれな
いようにすることが大切である。

⑫　「風通し」が悪い

　「風通し」が悪い組織では、不正・不祥事が発生する可能性が高くなる。「風
通し」は、コミュニケーションのことであり、何か問題があったときに速やか
に上司に報告・相談できる組織の場合には、不正・不祥事が起こりにくい。逆
に上司に報告すると厳しく叱責されることが明らかな環境では、ついつい報告
が遅延し、被害が拡大する可能性がある。

　図 A.8 に示すように、組織の風通しが悪いと、上司や同僚に相談しにくく、

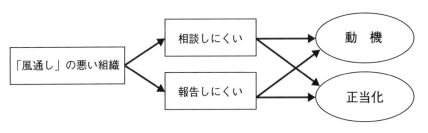

図 A.8　組織の「風通し」と不正・不祥事の関係

また、報告もしにくくなる。相談しにくい、報告しにくいのは、職場環境が悪い、上司や同僚が悪いという不正・不祥事の正当化にもつながる。病気、介護、子供の教育資金などで急にお金が入用になったときに、職場内に相談できる上司や同僚がいると、何らかの対応ができるかもしれない。また、愚痴を聞いてもらえるだけでも、気持ちが少し楽になるかもしれない。

　「風通し」の良い組織づくりは、不正・不祥事に強い組織づくりにつながることを忘れずに、組織づくりを行うとよい。

⑬　ノーチェック、放任している

　部下の管理や委託先の管理を適切に実施していない企業等では、不正・不祥事の発生可能性が高くなる。例えば、見積書の内容を管理者がチェックしない、仕入れた商品の検収を行わない、現金の残高チェックを行わない、ファームバンキングの残高チェックを行わない、金券の棚卸を行わないといった企業等では、不正・不祥事が発生する可能性が高い。

　部下は、上司が日頃管理をしているかどうかよく見ているので、何もチェックをしないで部下任せの仕事をしている企業等の場合には、担当者が急にお金が必要になったときに、使い込みを行ってしまうかもしれない。ノーチェック、放任は、不正のトライアングルでいう不正の「機会」を作り出すことになるので、注意しなければならない。

　不正・不祥事を防止するポイントは、不正・不祥事が発生する「機会」をなくすことである。不正・不祥事を起こす機会がなくなれば、その結果として不正・不祥事が発生しにくくなる。

⑭　長期間担当している

　不正・不祥事の事例の原因を調べてみると、長期間不正・不祥事が発生した業務を担当していることが少なくない。長期間仕事を担当することによって、その仕事の内容を詳細に知ることができるようになり、どこに不正・不祥事を行いやすいポイントがあるかも熟知していることになる。また、他の仕事を

理解している者がほとんどいない、あるいは皆無であるため、不正・不祥事を行ってもそれに気づきにくい。長期間仕事を担当している者がすべて不正・不祥事を起こすわけではないが、その可能性が高いということを理解しておく必要がある。

⑮　一人作業をしている

一人で業務を遂行していると、ミスの発生確率が高くなるとともに、不正を起こしやすくなる。一人作業が行われている業務がないかどうかを確かめることが大切である。一人作業で、この後に説明する職務の分離が行われていない場合には、不正・不祥事が発生する可能性が高くなる。

⑯　権限とスキルの保有者

権限とスキルの両方が揃っている場合には、不正を起こしやすくなる(**図A.9**)。権限があってもスキルがなければ不正・不祥事を起こしにくい。また、スキルがあっても権限がなければ不正・不祥事を起こしにくい。両方の条件が

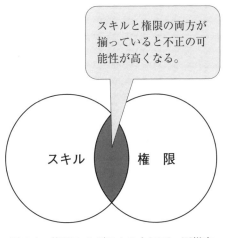

図 A.9　権限およびスキルと不正・不祥事

付録
不正・不祥事チェックリスト

揃ったときには、不正の発生可能性が高くなると考えるとよい。

　権限とスキルの両方が揃っている例としては、システム管理者が挙げられる。システム管理者による不正・不祥事としては、ベネッセの個人情報漏洩事件がある。システム管理者には、システムを管理するためにさまざまな権限が付与されており、その権限を使ってシステムの管理を行う。スキルと権限の両方がなければその仕事ができないからである。そこで、不正・不祥事のリスクを低減するために、システム管理者のアクセスログを分析し、監視カメラを設置して不正な操作が行われていないかどうかをチェックする仕組みを取り入れるとよい。

⑰　職務の分離が行われていない

　職務の分離が適切に行われていない場合には、不正・不祥事のリスクが高くなる。職務の分離の例としては、現金の出納業務と記帳業務が挙げられる。現金の取扱い担当者と記帳担当者を分離しておかなければ、現金を着服しそれに合わせて帳簿に記帳されてしまうと、不正・不祥事を発見することが難しい。そこで、これらの業務を担当する者は分離しておかなければならない。この他に、購買業務において、購買依頼部門、購買部門、納品検収部門を分離する必要がある。購買依頼部門と購買部門を分離しないで、取引先からの価格交渉を購買依頼部門に任せてしまうと、取引先を競争入札せずに決めてしまったり、価格交渉をしないで価格を決定してしまったりする可能性が生じる。さらに、購買依頼部門と納品検収部門が同一部門だと、依頼した物品が正しく納品されていなくても検収を行ってしまうおそれがある。

⑱　モニタリングが行われていない

　管理者や内部監査部門などが、規程や業務マニュアルに従って業務を遂行しているかどうかをチェックしていない組織では、不正・不祥事が発生する可能性が高くなる。また、経理部門が予算対実績管理を実施していなかったり、決算数字の対前年同月比較などを実施していなかったりする場合には、不正・不

祥事のリスクが高まる。収入印紙や切手が他の事業所と比較して異常な金額になっていないかどうかのチェック、つまり、異常値のチェックが行われていない組織の場合には、不正・不祥事が起きやすくなる。

⑲　手順が定められていない

作業手順が定められていない場合には、誤りが発生する可能性も高いが、不正・不祥事のリスクも高まる。特に金銭の授受、金券の取扱い、機密情報の取扱いなど、不正・不祥事のリスクが高い領域について、作業手順が定められていない場合には、不正・不祥事が起きやすくなる。

⑳　二重請求しやすい

二重請求しやすい環境にある組織では、二重支払が発生する可能性が高くなる(図 A.10)。例えば、通勤費と出張費が二重請求できる業務プロセスになっている場合には、過失だけでなく、意図的な不正・不祥事が発生するリスクが高くなる。

㉑　水増し請求しやすい

経費の水増し請求は、典型的な不正の手口である。この不正では、自社側と

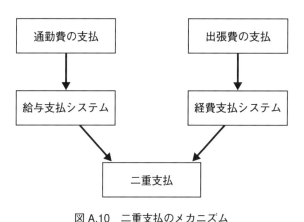

図 A.10　二重支払のメカニズム

付録

不正・不祥事チェックリスト

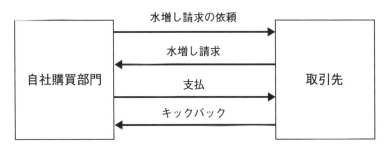

図 A.11　水増し請求のメカニズム

取引先が共謀する必要がある。自社側の購買部門の担当者や管理者が、取引先に費用の水増しを指示し、それを受けて水増しした金額を請求する。その後は、自社の請求に対する支払手続を行えばよい。取引先からは、自社側にキックバックが行われる（**図 A.11**）。

　この不正は、特定の取引先に発注が集中している場合で、企業規模が小さい取引先の場合には、共謀を行いやすい。なお、この不正では、関係者が複数関わることから、秘密の保持ができずにどこかで露見する可能性がある。また、検収担当者のチェックによって、請求額の水増しを発見できることがある。

㉒　整理整頓ができていない

　整理整頓ができていない職場では、書類や機器などの紛失が発生しやすくなる。また、紛失しても直ぐに発見されないので、不正を起こす者から見れば、書類や機器などを窃取しやすくなる。廃棄処理事業者の倉庫から情報機器が窃取され販売されていた事例を思い出すとよい。

　書類や機器などの出入を正確に管理し、定期的に棚卸を実施している企業等の場合には、このような不正は発生しにくくなる。

㉓　廃棄物の管理ができていない

　廃棄物に関する不正・不祥事も発生する（**図 A.12**）。廃棄物処理事業者の選定を誤ると、当該事業者が廃棄物処理を適切に実施しないで、不法投棄を行う

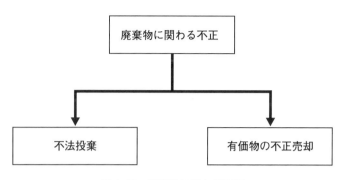

図 A.12　廃棄物に関わる不正

可能性がある。責任は、当該事業者にあるが、発注元としての責任を逃れることができない。

　また、有価物の廃棄手続が定められていない場合や、競争入札などの仕組みや管理者のチェックが行われていない場合には、廃棄物の売却に関わる不正・不祥事が発生する可能性が高い。

情報機器の流出

　株式会社ブロードリンクの元従業員が、同社の管理するハードディスクおよびデータを外部に流出させていた事件がある。2019 年 11 月 27 日に外部からの情報提供でハードディスクなどの記憶媒体やケーブル・イヤホンなどの電子機器が外部に持ち出され、オークションサイトで転売されていた。本人も事実を認め、社内調査を進めた結果、裏付けが取れたので懲戒解雇した。これらの機器は、廃棄した機器であり、それらの保管場所から窃取し転売されたものである（出所：https://www.broadlink.co.jp/safety/incident/overview/）。

　廃棄されると、人間の関心が薄くなるので、紛失しても気づかない可能性が高くなる。管理者は、このような管理の隙間に注意して業務管理を行うことが大切である。

付録

不正・不祥事チェックリスト

あとがきにかえて
ビッグモーター事件を考える

　本書の完成に近づいたころにビッグモーター事件が報道された。同事件は、信頼関係に基づいて行われている取引の信頼を大きく揺るがす事件であり、特定の部門全体で行われていた点に大きな特徴がある。

　同社の 2023 年 1 月 30 日付けの発表によれば、「当社は、先般の一部マスコミ報道における自動車保険金請求に関して、公正で適正な調査を行うため、当社と利害関係を有しない外部専門家から構成される特別調査委員会を設置いたしましたのでお知らせいたします。

　特別調査委員会

　　委員長　青沼隆之　弁護士　（シティユーワ法律事務所）

　当社は、特別調査委員会の調査に全面的に協力してまいります。

　関係者の皆さまに多大なるご不安・ご心配をお掛けしますことを心よりお詫び申し上げます。」（出所：https://www.bigmotor.co.jp/lib/news/news_list.php?id=657）と説明している。

　この特別調査委員会の調査報告書が、2023 年 6 月 26 日に公表された。調査報告書(p.1)によれば、「2022 年 6 月 6 日、損害保険ジャパン株式会社、三井住友海上火災保険株式会社及び東京海上日動火災保険株式会社の損保会社 3 社（以下「損保 3 社」という。）から、連名による「自動車修理に関する実態確認のお願い」と題する要請文書を受領した」ことが調査の契機になっている。また、調査報告書(p.1)で「当社は、当初、損保 3 社に対し、指摘を受けた不適切な保険金請求事案の発生原因につき、現場レベルでの経験不足や技術稚拙等を原因とするものである旨報告して事態の早期収拾を図ろうとしたものの、損保 3 社の納得を得ることができなかった。」と説明している。その結果、外部調査委員会による調査を実施することになったとのことである。

　調査の結果、「一部の工場長やフロントによるものではあるものの、物理的に修理車両の車体を傷付けるなどして、入庫時には存在しなかった損傷を新たに作出して修理範囲を拡大させることがあった。」（調査報告書、p.11。下線は筆者）、「損傷確認段階での不適切な行為として、実際には損傷が存在しないにもかかわらず、殊更に当該箇所に矢印付箋を貼付し、撮影角度を工夫するなどして、あたかも損傷が存在するかのように誤認させる写真を撮影する行為が横行していたほか、実際に損傷が存在する案件において、その損傷が実際よりも広範囲に及ぶものであるかのように誤認させるための写真を撮影して、本来修理対象とならない部位を修理対象部位とすることがあった。」（調査報告書、p.12。下線は筆者）と報告している。

　さらに、「内板骨格の牽引作業に際し、実際にはスライドハンマー等を用いて人力だけで内板の牽引修正を終えたにもかかわらず、タワー牽引を行ったかのような虚偽の外観を作出して写真を撮影することにより、タワー牽引の実施を偽装する例が少なからず認められた。」（調査報告書、p.12。下線は筆者）、「フロントによる不適切な行為等により、板金作業が不要と考えられている部位に対する修理作業が行われたほか、本来、板金作業で修理可能な部分についての部品交換も少なからず行われていた。」（調査報告書、p.13。下線は筆者）と指摘している。

　この調査では、不正作業を行った理由についてアンケート調査を実施している。「不正な作業に自ら関与したと回答した104名中61名（58.6%）が、「上司からの指示」と回答した一方、「自分の給料（歩合給）を上げるため」と回答した者は8名（7.7%）にとどまっており、不適切な行為の多くが、BP工場従業員らの個人的利益を図るためではなく、工場長等の上司からの指示によって行われたものであることがうかがわれる。」（調査報告書、p.17。下線は筆者）また、BP工場ごとの不適切疑義案件は、全国のBP工場で生じていることも指摘している。なお、BP工場は、板金・塗装事業を行っており、BP本部が統括していたとのことである。

　この事件では、業績について非常に強いプレッシャーがあったことが不正の

トライアングルのうちの「動機」につながっている。また、上司からの指示で実施したということは、不正のトライアングルのうちの「機会」があったことになる。機会があったというよりも、機会を上司が作り出したといえる。

調査報告書(p.5)では、取締役会が開催された記録はないと指摘し、「監査役が取締役会に出席したことや、取締役会において取締役の不正行為等を報告したか否かは確認できない。」としている。したがって、監査役がその使命を果していなかったことが強く疑われる。さらに、組織図には、内部監査部門が記載されていないので、内部監査部門が設置されていなかったと推測できる。このことから、内部統制の視点から見ると、「監視活動」が機能していなかったことが推測できる。

大規模な不正は、経営者が気づかないうちに行われることは少ないと考えられるし、もし本当に気づかないのであれば、経営者としての能力に疑いをもつことになる。また、ガバナンスに問題があったということが報道で指摘されているが、株式会社ビッグモーターの株主は、同社の代表取締役社長と代表取締役副社長の資産管理会社である。大企業では、株主の眼があるので、不正についてチェックの眼があるといえるが、株式会社ビッグモーターの場合には、そのような状況になかった。負のガバナンスが機能していた事件ともいえるのではないだろうか。

さらに、調査報告書では、内部統制制度の確立が提言されているが、より具体的な内容を示されたほうが今後の改善に向けてよかったのではないかと考えられる。

ビッグモーター事件に関する調査は、本書の執筆中も続いていることから今後新たな事実が発見される可能性があるので、注視する必要があるが、不正を引き起こすさまざまな要素が多数含まれており、その要素が極めて強く現れた事件だといえる。また、経営者がどのような行動をとるのか、今後どのような対策をとるのかについてもその動向を注意深く見る必要がある。

本書の「あとがき」として、不正・不祥事としては、規模も非常に大きく、社会的な影響も非常に大きな事件を取り上げた。不正・不祥事は、何が原因で

発生するのか、不正・不祥事を防止するために何をしなければならないのかを考えるための題材になる。今後、不正・不祥事の発生を防止するための参考にすることが大切である。

2023 年 7 月

島　田　裕　次

参 考 文 献

1） IT ホールディングス株式会社：「当社子会社の元従業員による不正行為に係る
　調査結果に関するお知らせ」、2013 年 4 月 26 日

2） 井上泉：『企業不祥事とビジネス倫理―ESG、SDGs の基礎としてのビジネス倫
　理』、文眞堂、2021 年

3） 内田正剛：『「不正会計」対応はこうする・こうなる』、中央経済社、2016 年

4） 株式会社エイチ・アイ・エス：「当社連結子会社における取引に関する調査委
　員会からの調査報告について」、2021 年 12 月 24 日

5） 江差町ほか 2 町学校給食組合不正経理事故第三者委員会：「報告書」、2014 年 3
　月 18 日

6） 株式会社エフエム東京：「調査報告書」、2019 年 8 月 8 日

7） オリンパス株式会社第三者委員会：「調査報告書」、2011 年 12 月 6 日

8） 関西電力株式会社：「新電力顧客情報の取扱いに係る調査結果の報告について
　（電力・ガス取引監視等委員会からの報告徴収への報告）」、2023 年 1 月 13 日

9） 関西電力株式会社第三者委員会：「調査報告書」、2020 年 3 月 14 日

10） 菅野文友：『コンピュータ犯罪のメカニズム―コンピュータ・セキュリティへ
　の対応』、日科技連出版社、1989 年

11） 経営情報学会情報倫理研究部会、村田潔 編集：『情報倫理―インターネット時
　代の人と組織』、有斐閣、2004 年

12） 公正取引委員会：「独立行政法人国立病院機構が発注する九州エリアに所在す
　る病院が調達する医薬品の入札参加業者らに対する排除措置命令及び課徴金納付
　命令について」、2023 年 3 月 24 日

13） 公認会計士・監査審査会：「監査法人ハイビスカスに対する検査結果に基づく
　勧告について」、2022 年 6 月 3 日

14） 株式会社神戸製鋼所：「当社グループにおける不適切行為に関する報告書」、
　2018 年 3 月 6 日

15） 三協フロンテア株式会社：「調査委員会の調査報告書受領に関するお知らせ」、
　2022 年 6 月 27 日

16） 株式会社サンリオ：「特別調査委員会の調査報告書受領に関するお知らせ」、
　2023 年 3 月 16 日

17） サンリン株式会社：「社内調査委員会の調査結果等について」、2015 年 9 月 10

日
18)　澤口実・奥山健志・山内洋嗣・新井朗司 編著:『不正・不祥事対応における再発防止策—近年の調査報告書にみる施策の類型化』、商事法務、2021 年
19)　島原市有明の森フラワー公園における不正な事務処理に関する第三者委員会:「報告書」、2023 年 3 月
20)　消費者庁表示対策課食品表示対策室:「消費者庁報告資料」、2017 年 9 月 12 日
21)　消費者庁:「株式会社晋遊舎に対する景品表示法に基づく課徴金納付命令について」、2022 年 8 月 5 日
22)　消費者庁:「株式会社シーズコーポレーションに対する景品表示法に基づく課徴金納付命令について」、2023 年 3 月 24 日
23)　消費者庁:「株式会社アクガレージに対する景品表示法に基づく課徴金納付命令について」、2023 年 3 月 30 日
24)　鈴木貴大:『経営倫理の理論と実践—医療法人における統合アプローチ』、文眞堂、2021 年
25)　スルガ銀行株式会社第三者委員会:「調査報告書(公表版)」、2018 年 9 月 7 日
26)　第一生命保険株式会社:「「元社員による金銭の不正取得」事案に関するご報告」、2020 年 12 月 22 日
27)　大日本図書株式会社特別調査委員会:「調査報告書」、2023 年 2 月 16 日
28)　株式会社髙松コンストラクショングループ:「当社子会社元社員に対する刑事告訴について」、2022 年 8 月 17 日
29)　株式会社 TOKAI ホールディングス:「当社子会社元従業員による不正行為に係る調査結果のお知らせ」、2021 年 12 月 24 日
30)　株式会社東芝:「第三者委員会の調査報告書全文の公表及び当社の今後の対応並びに経営責任の明確についてのお知らせ」、2015 年 7 月 21 日
31)　東洋紡株式会社:「当社 PBT 樹脂「プラナック®」に関する不適切事案の調査結果等に関するご報告(開示事項の経過)」、2020 年 12 月 29 日
32)　東レ有識者調査委員会:「調査報告書」、2022 年 4 月 8 日
33)　中村昌允:『技術者倫理とリスクマネジメント—事故はどうして防げなかったのか?』、オーム社、2012 年
34)　日本公認会計士協会:「会員監査法人における継続的専門研修の不適切な受講について」、2020 年 9 月 7 日
35)　日本公認会計士協会:「会員に対する懲戒処分について」、2023 年 3 月 13 日
36)　日本生協連・冷凍ギョーザ問題検証委員会(第三者検証委員会):「最終報告」、2008 年 5 月 30 日
37)　日本生命保険相互株式会社:「当社元営業部長による他件数の法令違反につい

て」、2023 年 6 月 22 日

38)　学校法人日本大学元理事及び前理事長による不正事案に係る第三者委員会：「元理事及び前理事長による不正事案に係る調査報告」、2022 年 3 月 31 日

39)　公益財団法人日本体操協会：「調査報告書（要約版）」、2018 年 12 月 6 日

40)　ネットワンシステムズ株式会社：「「外部調査委員会調査報告書〜ガバナンス・企業文化の観点から〜」の受領及び開示版の公表に関するお知らせ」、2021 年 3 月 18 日

41)　農林水産省：「「牛ミンチ」事案に係る立入検査の結果概要について」、2007 年 6 月 25 日

42)　パナソニック株式会社：「第三者委員会からの調査報告書受領に関するお知らせ」、2021 年 8 月 31 日

43)　日立金属株式会社：「調査報告書」、2021 年 1 月 28 日

44)　株式会社日立製作所：「当社員によるお客様の情報資産の不正な閲覧及び取得に関する調査結果及び再発防止等について」、2014 年 6 月 20 日

45)　日野自動車株式会社特別調査委員会：「調査報告書」、2022 年 8 月 1 日

46)　株式会社ベネッセホールディングス：「個人情報漏えい事故調査委員会による調査結果のお知らせ」、2014 年 9 月 25 日

47)　マーク・チェファーズ、マイケル・パカラック 著、藤沼亜起 監訳：『会計倫理の基礎と実践―公認会計士の職業倫理』、同文舘出版、2011 年

48)　三菱自動車工業株式会社特別調査委員会：「燃費不正問題に関する調査報告書（要約版）」、2016 年 8 月 1 日

49)　三菱電機株式会社調査委員会：「調査報告書（第 4 報・最終報告）」、2022 年 10 月 20 日

50)　学校法人明治大学：「本学法科大学院元教授による司法試験問題の漏えいに関する調査結果及び再発防止策等について」、2016 年 2 月 12 日

51)　ラサ商事株式会社：「社内調査委員会の調査報告書受領に関するお知らせ」、2021 年 8 月 17 日

52)　和辻哲郎：『人間の学としての倫理学』、岩波書店、1951 年

53)　和辻哲郎：『倫理学（上巻）』、岩波書店、1965 年

54)　和辻哲郎：『倫理学（下巻）』、岩波書店、1965 年

55)　Cooper, Cynthia: *Extraordinary Circumstances: The journey of a Corporate Whistleblower*, John Wiley & Sons, 2008.

56)　Davia, Howard R.: *Fraud 101 Techniques and Strategies for Detection*, John Wiley & Sons, 2000.

57)　Gowthorpe, Catherine and John Blake ed.: *EHICAL ISSUES in ACCOUNTING*,

Routledge, 1998.

58) O'Gara, John D.: *Corporate Fraud Case Studies in Detection and Prevention*, John Wiley & Sons, 2004.

59) Woodford, Michael: *Exposure From President to Whistleblower at Olympus*, Portfolio Penguin, 2012.

60) Pickett, K. H. Spencer and Jennifer M. Pckeit: *Financial Crime Investigation and Control*, John Wiley & Sons, 2002.

索　引

索　引

著者紹介

島田裕次（しまだ　ゆうじ）博士（工学）

東洋大学　工業技術研究所　客員研究員。日本大学　商学部　非常勤講師。

[略歴]

　1979 年早稲田大学政治経済学部卒業、同年東京ガス㈱入社。池袋営業所、IT 部門、経理部などで勤務した後、2000 年同社監査部（業務監査グループマネージャー、情報システム監査グループマネージャー、会計監査グループマネージャーを歴任）。2008 年大阪工業大学大学院工学研究科経営工学専攻博士後期課程修了。2009 年東京ガス㈱退職。2009 〜 2022 年東洋大学総合情報学部教授。2022 年〜東洋大学工業技術研究所客員研究員。1999 年〜日本大学商学部非常勤講師（コンピュータ会計論）を兼務。

[資格]

　公認内部監査人（CIA）、システム監査技術者（経済産業省）、公認情報システム監査人（CISA）、公認情報セキュリティマネージャー（CISM）。

[著書]

　『はじめての内部監査』（日科技連出版社）、『内部監査の実践ガイド』（編著、日科技連出版社）、『よくわかるシステム監査の実務解説（第 3 版）』（同文舘出版）、『DX 時代の内部監査手法』（同文舘出版）、『この一冊ですべてわかる情報セキュリティの基本』（日本実業出版社）など多数。

不正・不祥事のメカニズムと未然防止
不正のトライアングル・内部統制・3 線モデルから見た対策とチェックリスト

| 2023 年 9 月 1 日 | 第 1 刷発行 |
| 2024 年 9 月 26 日 | 第 2 刷発行 |

検印
省略

Printed in Japan

著　者　島　田　裕　次
発行人　戸　羽　節　文

発行所　株式会社 日科技連出版社
〒 151-0051　東京都渋谷区千駄ヶ谷 1-7-4
渡貫ビル
電話　03-6457-7875

印刷・製本　河北印刷㈱

© *Yuji Shimada* 2023
ISBN978-4-8171-9786-3
URL https://www.juse-p.co.jp/